2009 개정 교육과정

전라남도 교육감 인정
고교-31-002-13-14

바둑
콘텐츠

고등
학교

2009 개정 교육과정
전라남도 교육감 인정
고교-31-002-13-14

바둑 콘텐츠

고등
학교

정수현 · 김미라 · 강나연 · 다니엘라 트링스 지음

<교과서 물려주기 기록표>

연도	교과서 사용자				상태
	학년	반	번호	이름	

※ 상태표기 예시: 매우 좋음, 좋음, 보통, 나쁨

머리말

바둑은 매우 다양한 내용과 요소를 담고 있는 경기입니다. 바둑을 두는 대국자는 물론 관전객까지 몰입시킬 만큼 흥미진진하며 예술성과 함께 철학적인 요소도 담고 있습니다. 흔히 바둑은 '인생의 축소판'이라고 불리며, 세상사를 풍자하는 비유로도 활용되고 있습니다. 매스컴에서는 포석·정석·수순·자충수·대마불사 등 30여 개의 바둑용어를 빌어다 사회현상을 비유하는 시사용어로 쓰고 있습니다. 프로기사나 아마추어 고수 등 바둑인들의 삶과 행동은 문학이나 영화와 같은 작품의 인기 있는 소재가 되기도 합니다.

이런 점에서 바둑은 '콘텐츠의 보고(宝庫)'라고 할 수 있습니다. 단순히 게임을 하여 승부를 가리는 스포츠 차원에 머무는 것이 아니라, 그 안에 담긴 기술 및 바둑인들의 사고방식이나 행동이 하나의 귀중한 문화콘텐츠가 되고 있습니다. 숱한 명인들이 남긴 주옥같은 기보(棋譜)에는 바둑인의 혼과 사상, 예능, 스토리가 담겨 있으며, 바둑대회와 프로기전 등 다양한 바둑 이벤트는 바둑팬들에게 재미와 감동을 주는 스포츠제전이 되고 있습니다.

이 책은 바둑에 담긴 이와 같은 콘텐츠에 관해 다루고 있습니다. 크게 세 부문으로 나누어 제1부에서는 바둑 문화콘텐츠, 제2부에서는 바둑 미디어, 제3부에서는 바둑 이벤트를 다루고 있습니다. 바둑 문화콘텐츠는 다양한 형식으로 표현되는 바둑의 '내용'에 관한 것이며, 바둑 미디어는 이러한 콘텐츠를 대중에게 전달해 주는 커뮤니케이션 '채널'에 관한 것이고, 바둑 이벤트는 사람들이 모여 바둑을 즐기는 행사, 즉 '활동'에 관한 것입니다.

이러한 바둑콘텐츠의 내용과 채널, 그리고 활동을 살펴보게 되면 바둑문화에 대한 보다 깊이 있는 이해를 할 수 있습니다. 종종 바둑은 하나의 승부 게임이며 아동의 교육수단으로 이해되는 경향이 있는데, 이는 바둑에 관한 다소 피상적인 인식이라고 할 수 있습니다. 바둑콘텐츠의 세계를 접함으로써 바둑의 다양한 가치와 유용성을 발견하게 되며, 바둑문화산업의 구조를 이해하게 될 것입니다.

　이 책은 바둑학을 전공하는 고등학교 학생들의 교과서로 저술하였습니다. 그러나 바둑콘텐츠론을 이론적으로 다룬 최초의 저술이기 때문에 이 분야에 관심을 가진 독자들에게도 도움이 될 수 있을 것입니다. 다양하고 방대한 바둑콘텐츠의 세계를 이 한 권의 작은 책으로 다루기에는 무리가 있지만, 이 책을 통하여 바둑콘텐츠의 유형과 특징 등을 개관해 볼 수 있을 것입니다.

　바둑콘텐츠를 다룬 이 책이 바둑문화 발전에 다소나마 일조하기를 기대합니다. 또한 이 교과서 출간을 계기로 바둑콘텐츠에 관한 연구가 촉진되어 바둑문화산업의 활성화에도 촉매제가 되기를 희망합니다.

저자 일동

차례

바둑 이벤트

Chapter 1

바둑 문화콘텐츠

■ 중심 주제   21세기는 '문화'가 중심이 되는 시대이다. 현재 선진국을 비롯한 세계 여러 나라는 제조업이나 단순서비스산업의 시대를 지나 문화산업・예술산업의 시대로 빠르게 재편되고 있다.

한국의 전통문화인 바둑은 역사적・예술적・유희적・산업적・교육적 가치를 지니고 있는 독특한 문화산업 분야이다.

본 장에서는 문화콘텐츠로서 바둑의 가치를 고찰해 보기 위하여 바둑 문화콘텐츠의 정의를 알아보고, 다양한 장르의 바둑콘텐츠를 살펴봄으로써 바둑이 문화산업으로 발전하기 위한 방향을 모색해 보고자 한다.

■ 학습목표

1. 바둑 문화콘텐츠의 개념을 설명할 수 있다.
2. 바둑문학, 바둑평론, 바둑만화, 바둑 영상콘텐츠 등 바둑콘텐츠의 유형과 그 특징을 설명할 수 있다.
3. 바둑 에듀테인먼트의 개념과 사례를 설명하고 스토리텔링을 활용한 바둑 교수 방안을 구상할 수 있다.

1. 바둑 문화콘텐츠의 정의

▌학습목표	1. 문화콘텐츠의 개념을 설명할 수 있다.
	2. 문화콘텐츠의 장르와 속성을 설명할 수 있다.
	3. 바둑 문화콘텐츠의 종류를 열거할 수 있다.

학습내용

최근 현대사회에서 '문화콘텐츠'가 핵심 키워드로 등장하고 있다. 문화산업 시대인 21세기의 화두로 떠오른 문화콘텐츠의 중요성을 인지하고, 바둑 문화콘텐츠의 개념과 장르에 대해 알아보자.

1) 문화콘텐츠의 개념

'문화콘텐츠'는 21세기에 새롭게 출현한 영역이기 때문에 아직 개념 정립이 제대로 이루어지지 않은 말이다. 게다가 '문화'라는 용어 자체가 상당히 포괄적이라서 개념 파악이 쉽지 않은 상황이다. 지금까지 나온 문화콘텐츠의 개념과 분야, 특성에 대해 간략히 알아보자.

우선 콘텐츠(contents)란 사전적 의미로는 '내용물'인데, 쉽게 말해서 각종 대중매체에 담긴 내용물을 말한다. 예를 들어 드라마나 영화, 공연, 게임 등에 들어 있는 각종 작품들이 그것이다. 얼마 전까지만 해도 이것들은 흔히 '대중문화'라고 불렸으나, 요새는 그것들이 더욱 다양하게 사용되고 하나의 거대 산업화가 되어 감에 따라 많은 사람들이 '콘텐츠'란 용어를 쓰고 있다. 콘텐츠에는 예술성과 산업성이 내포되어 있으며, 번뜩이는 아이디어와 재미있는 이야기로 사람들의 마음을 움직일 수 있는 것이어야 한다.

사실 콘텐츠는 최근에 와서 생겨난 것이 아니라 인류 역사상 계속 존재해 왔다. 문학이나 그림, 음악, 무용 등의 여러 가지 작품들이 그것이다. 하지만 21세기 디지털 시대가 되면서 그것의 의미가 상당히 변모하였다. 디지털 시대의 특징은 정보의 신속성과 정확성, 멀티미디어성 등 여러 가지가 있으나, 가장 중요한 점은 정보의 무한한 복제와 변형 및 전송이 가능하다는 것이다. 그에 따라 콘텐츠의 의미도 디지털 시대에 걸맞게 다양하게 활용 가능한 내용물로 바뀌게 되었다. 즉, 요즘 우리가 쓰고 있는 콘텐츠는 '내용물은 내용물이지만 다양하게 활용 가능한 내용물'인 것이다.

문화콘텐츠(culture contents) 역시 콘텐츠와 마찬가지로 우리나라에서 만든 신조어로서 이제야 조금씩 국제적으로 통용되고 있는 용어이다. 사실 콘텐츠를 외국에선 사전적 의미인 '내용'이나 '목차' 정도로만 이해하고 있으나, 우리나라에서는 더 나아가 각종 대중매체의 내용물로까지 확대해서 사용하고 있다. 문화콘텐츠도 역시 그러한데, 흔히 문화산업을 미국에서는 엔터테인먼트(entertainment) 산업, 일본에서는 미디어(media) 산업, 영국에서는 창조(creative) 산업이라고 부르고 있다. 아마도 미국은 문화산업의 상업적인 면을 강조하여 '엔터테인먼트(entertainment)'로, 영국은 문화산업의 창조적인 면을 강조하여 '창조(creative)'로, 일본은 문화산업의 전달 매체적인 측면을 강조하여 '미디어(media)'로, 우리나라는 문화산업의 내용적인 측면을 강조하여 '문화콘텐츠(culture contents)'로 각각 부르고 있는 듯하다.

문화콘텐츠란 콘텐츠를 담는 그릇이자 다양하게 활용하는 도구들, 예컨대 출판이나 만화, 방송, 영화, 게임, 캐릭터 등 문화와 관련된 각종 매체들을 말한다. 과거 이것들은 '대중매체(문화상품)'라고 불렸으나, 콘텐츠와 마찬가지로 날이 갈수록 서로 융합되고 하나의 거대한 산업화가 되면서 문화콘텐츠란 신조어를 쓰고 있다.

이러한 문화콘텐츠는 규모가 커지면서 하나의 문화산업으로 발전한다. 문화산업 혹은 문화콘텐츠 산업이란 한마디로 '문화상품을 기획·개발·제작·판매하는 등 문화와 관련된 일련의 산업들'을 말한다. 두 용어 중 문화산업은 주로 아날로그 시대에 쓰던 용어이고, 문화콘텐츠 산업은 디지털 시대에 들어와 주로 쓰는 용어이다.

문화콘텐츠 산업은 하나의 참신한 아이디어와 재미있는 이야기만 있으면, 적은 비용을 투입하고도 높은 수익을 창출할 수 있는 고부가가치 산업이다. 또한 기존의 제조업과 달리 환경오염이 없는 친환경 산업이며, 더불어 국가 이미지도 높일 수 있는 산업이다. 그래서 21세기에 들어와 문화콘텐츠 산업은 급속도로 발전해 가고 있는 것이다.

드림 소사이어티(dream society)

롤프 옌센(Rolf jensen)은 그의 저서 『드림 소사이어티(dream society)』(서정환 옮김, 한국능률협회, 2000)에서 미래사회를 드림 소사이어티로 바라보았다. 이젠 **감성**에 바탕을 둔, **꿈**을 기반으로 하는 시장이 정보를 기반으로 한 시장보다 훨씬 커진다는 것이다. 1960년대부터 시작된 정보사회에서는 모든 일이 정보기술에 의해 추진되었다. 하지만 21세기 드림 소사이어티에서는 정보뿐만 아니라 **이야기**를 토대로 한 **감성**에 의해 추진될 것이다. 이제 소비자들은 상품을 물성이나 기능으로 평가하는 것이 아니라, 그것에 담겨 있는 **이야기**를 보고 선택한다는 것이다.

롤프 옌센은 미래사회에선 가장 훌륭한 이야기꾼을 가진 나라가 세계를 지배할 것으로 보았다. 그리고 지역적인 이야기보다 범세계적인 이야기가 시장을 지배할 것이라고 하였다. 이제 훌륭한 이야기는 문화적 국경을 자유롭게 넘어설 수 있기 때문이다. 예컨대 요즘 스포츠나 연예, 오락 등의 이야기꾼들이 가장 높은 보수를 받고 있는데, 이것이 바로 드림 소사이어티로 이동하고 있는 객관적이고 분명한 징후라고 볼 수 있다.

2) 문화콘텐츠의 장르 및 속성

문화콘텐츠 분야는 매우 다양하다. 출판, 만화, 방송, 영화, 애니메이션, 게임, 캐릭터, 공연, 음반, 전시, 축제, 여행, 디지털콘텐츠(데이터베이스, 에듀테인먼트, 인터넷콘텐츠), 모바일콘텐츠 등 최소한 16가지 이상의 분야가 있다. 또 디지털 기술이 발달함에 따라 앞으로도 계속 새로운 매체가 탄생할 것이다. 여기에다 요즘은 문학, 음악, 미술과 같은 순수예술, 광고, 디자인, 스포츠 등도 문화콘텐츠 산업과 결합되어 가고 있다.

문화콘텐츠는 하나의 소스를 가지고 다양한 분야로 활용해서 고부가가치를 얻는다는 이른바 '원소스 멀티유즈(OSMU: One Source Multi Use)'를 핵심으로 하고 있다. 과거

아날로그 시대의 문화산업은 출판이면 출판, 영화면 영화, 공연이면 공연 등으로 각각의 매체들이 서로 따로따로 움직였다. 하지만 디지털 시대의 문화콘텐츠는 서로 독립적으로 존재하는 것이 아니라 하나의 거대한 구조를 이룬 유기체적 성격을 띠고 있다. 예를 들어 <대장금>의 경우 한 편의 드라마가 성공하자 드라마에 삽입된 OST(배경음악)를 출시하고 캐릭터를 활용하여 각종 기념품을 발매하며 촬영지나 세트장을 관광지로 개발하였다. 또 드라마를 해외로 수출함은 물론이요, 나아가서는 그 내용을 토대로 소설, 동화, 만화로 출간하거나 애니메이션, 게임, 뮤지컬 등으로 제작하기도 하였다.

이처럼 디지털 시대의 모든 문화콘텐츠는 서로 유기적으로 연결되어 있는 '통합성'을 띠고 있다. 그러므로 이제는 하나의 콘텐츠를 개발하더라도 통합적 안목을 갖고 접근할 필요가 있다. 또한 정부도 미국이나 일본, 영국 등 선진국처럼 모든 문화콘텐츠를 골고루 균형 있게 발전시켜야 하며 이 영역을 공부하는 학생들도 우선은 폭넓게 이해한 뒤 차츰 자기만의 전문 분야를 찾아 나가야 할 것이다.

🐭 **읽어보기** | **'OSMU(One source Multi Use)'의 예시**

한국의 문화콘텐츠 중 OSMU가 가장 고르고 다양하게 개발된 작품이 <아기공룡 둘리>라고 한다. 1983년, 어린이잡지 ≪보물섬≫에 연재되면서 시작된 '둘리'는 1985년 롯데삼강 '둘리바'로 개발되었고, 학용품, 장난감, 만화, 단행본, TV 애니메이션으로 제작되기도 했다. 또한 극장 애니메이션·뮤지컬·에듀테인먼트 장르 등에도 진출했으며, 2003년에는 둘리박물관·둘리거리·둘리미용실까지 등장했다. 이렇듯 한 장르가 성공하였을 때, 그 장르를 다른 장르로 활용하는 것은 디지털 시대의 특성으로 엄청난 고부가가치 창출의 원천이 된다.

3) 바둑 문화콘텐츠의 정의

앞에서 언급한 문화콘텐츠의 개념에 비추어 볼 때 바둑 문화콘텐츠란 바둑을 소재로 한 다양한 콘텐츠를 지칭한다. 즉, 바둑문화콘텐츠란 바둑이라는 콘텐츠를 담는 그릇이자 다양하게 활용하는 도구들, 예컨대 바둑서적, 바둑만화, 바둑방송, 바둑영화, 바둑게임, 바둑관련 캐릭터 등 바둑을 담아낸 각종 매체들을 의미한다.

하지만 바둑 문화콘텐츠의 정의가 쉽게 내려지지 않는 측면도 있다. 그것은 바둑을 다룬 콘텐츠를 '바둑 문화콘텐츠'라고 할 때 과연 어디까지를 바둑콘텐츠로 인정해야 할지에 관한 어려움이다. 예를 들어 '김용'의 무협소설에도 바둑에 관한 이야기가 등장하는데, 그렇다고 해서 그것을 바둑콘텐츠라 할 수 있을까? 단지 바둑을 다루었다는 이유만으로 바둑콘텐츠라 칭할 수 있는 것인지에 대해서는 조금 더 고민해 볼 문제이며 어느 정도 바둑에 중점을 두어야 할지에 관한 구체적인 기준이 필요해 보인다.

예로부터 바둑은 예술이나 예도 동양철학이 담긴 신비한 것으로 간주되어왔으며 동양의 세계관이 담겨 있는 동아시아적 문화유산의 한 장르로 인식되어 왔다. 바둑을 접하고 있는 상당수의 서양인들 또한 이러한 견해에 의견을 일치시키고 있으며, 바둑을 동양문화의 부산물이자 예술과 철학의 한 분과로서 동양의 신비를 간직한 두뇌스포츠라고 말하고 있다. 따라서 바둑 문화콘텐츠를 개발하기 위해서는 바둑의 고유한 문화적 특성과 정체성을 문화 상징으로 실현하기 위한 전략 구성이 필요하다.

현대는 문화 경쟁력의 시대이다. 세계 각국들도 자국의 문화를 세계화하기 위한 노력을 여러 분야에서 보여 주고 있다. 문화콘텐츠의 경쟁력은 바로 하나의 소재로 다양한 이익을 창출하는 OSMU 전략 제품을 내놓을 수 있으며, 이것이 시장에서 성공하는 경우 적은 추가비용으로 많은 상품을 생산할 수 있고, 파괴적인 전파력을 갖게 된다. 현재의 '한류' 열풍이 특정 연예인이나 장르에 국한되어 있는 것이 문제점으로 부각되고 있는데, 바둑문화를 기반으로 한 콘텐츠의 개발 및 보급은 하나의 대안이 될 수 있다. 드라마 '대장금'이 한국의 아름다움을 홍보하는 계기가 된 것처럼 바둑문화를 활용한 콘텐츠도 바둑 최강국으로서의 이미지 마케팅과 함께 한국의 문화를 알리는 역할을 할 수 있을 것이다.

바둑은 우리의 귀중한 문화유산으로 고대에서부터 오랜 시간 동안 전승되어 오면서 바둑의 역사 속에 인물과 사건을 바탕으로 풍부한 이야기가 만들어졌고, 이러한 속성은 자연스레 문화적 아이템이 되어 다양한 문화콘텐츠로 상품화할 수 있는 잠재력을 내포하게 되었다. 이를 활용한 바둑의 문화콘텐츠화 시도는 보다 적극적으로 이루어져야 하며 이에 대한 학문적 연구와 문화콘텐츠 가치 발견을 위한 지속적인 관심과 노력이 필요하다.

📖 읽어보기

바둑 소재 영화·드라마 인기…
반상의 승부, 킬러 콘텐츠 될까?

가로 세로 19개의 줄. 그 줄이 만든 361개의 점 위에서 흑돌과 백돌 간 접전은 뜨겁고 집요하다. 공격과 수비가 있고 다음 수를 노린 의도적인 퇴각도 있다. 집을 만들고 허무는 과정에서 판 위의 돌들은 살거나 죽는다. 바둑이 인생에 비유되는 이유다.

바둑을 소재로 한 영화와 드라마가 잇달아 제작돼 주목받고 있다. 최근 2편의 영화가 개봉한 데 이어 하반기엔 인기 웹툰 '미생'이 드라마로 재탄생한다. '내기바둑', '프로를 꿈꾸는 아마추어', '바둑으로 비유한 직장 생활' 등 바둑을 소재로 한 점에서는 같아도 풀어내는 방법은 다양하다.

바둑이 대중문화 콘텐츠의 소재로 각광받는 이유는 무엇일까. 평론가들은 그간 다뤄지지 않았던 신선한 소재라는 점, 바둑판 위에 삶을 대입시켜 다양한 인생사를 풀어낼 수 있다는 점 등을 꼽았다.

황진미 영화평론가는 "바둑은 그간 성인 만화와 소설 등에서는 다뤄졌지만 영화의 소재가 된 건 최근"이라며 "소재의 신선함이 흥미를 끄는 것 같다."고 설명했다.

한상덕 대중문화평론가는 "바둑은 한 수 차이로 이기고 지는 게임"이라며 "작은 실수와 운명에 따라 결과를 알 수 없다는 점에서 인생 이야기를 풀어낼 수 있는 무궁무진한 재료가 된다."고 말했다. 또 "경쟁 관계 속에서 긴장감이 유발되지만 정적인 면도 갖추고 있어 제작자들에게 매력을 주는 것 같다."고 덧붙였다.

국민일보 기획 기사, 2014년 07월 10일 자

 학습활동

▌ 활동 1 ▌ 문화콘텐츠의 영향력　　　　　ACTIVITY

21세기 드림 소사이어티 시대의 도래로 문화콘텐츠의 중요성이 부각되고 있으며 우리에게 미치는 영향 또한 매우 크다고 할 수 있다. 인상 깊었던 영화나 드라마, 만화 등 자신에게 큰 영향을 미쳤던 콘텐츠는 무엇인지 생각해 보고 이를 발표해 보자.

▌ 활동 2 ▌ 바둑 문화콘텐츠　　　　　ACTIVITY

현재 한국 바둑문화산업의 현황에 대해 생각해 보고 앞으로 나아가야 할 방향에 대해 토의해 보자.

---

2. 바둑문학

▌ 학습목표	1. 바둑콘텐츠로서 바둑문학의 가치를 설명할 수 있다. 2. 바둑문학의 다양한 장르와 대표적인 작품들의 특징을 설명할 수 있다. 3. 바둑콘텐츠의 원천 소스가 되는 대표적인 한국 바둑설화의 줄거리를 말할 수 있다.

학습내용

문학은 문화콘텐츠 가운데서도 원천 소스가 되는 매우 중요한 장르이다. 다양한 매체와의 결합이 수월하며 책 자체가 주는 매력도 여전히 남아 있다. 바둑을 소재로 한 시, 소설, 에세이 등 대표적인 바둑문학 작품들을 살펴봄으로써 바둑문학의 문화콘텐츠 활용 방안을 모색해 보자.

1) 바둑시

바둑시는 바둑을 소재로 한 시를 말한다. 신라시대 신충의 원수가(怨樹歌)를 비롯하여 고려의 대문호 백운거사 이규보(白雲居士 李奎報)의 바둑시, 조선조 세조 때의 문인 사가 서거정(四佳 徐巨正)의 승일암내청담기(僧一菴來請談記), 정문부(鄭文孚)의 사호위기도(四皓圍棋図) 등 바둑을 소재로 한 많은 시들이 고대로부터 전해져 내려오고 있다. 현대에 와서는 박목월의 「패착」(1968), 성선경의 「바둑론」(1988), 김경주의 「바둑알」(2003), 양동환의 「바돌」(2003) 등의 작품이 발표되었다.

고려시대의 문장을 빛낸 문호 백운거사 이규보(白雲居士 李奎報)는 바둑시를 많이 지은 것으로 유명하다. 그중에서 두 편을 읽어 보자. 다음 글은 이규보가 호적수인 친구 양국준에게 바둑을 지고 나서 억울하여 도전장을 낸 내용을 다룬 것인데, 양국준이 응하지 않고 자기의 수가 더 높다고 놀려 대자 다시 도전장을 낸 것을 읊고 있다.

따사로운 봄날
　　길기도 한데
　　적수 만나 결전장
　　있을 만도 하네
　　내가 진 것이
　　그대 높은 수라 하지만
　　한 번 졌다고 설욕조차 잊으리
　　왕방처럼 맹렬하게
　　들불을 놓을 테네
　　도개처럼 흔들리는
　　방망이가 되지 말게
　　이번엔 항복기를 안 세우고
　　그대 어이 배기리
　　진나라 군사 원수 갚듯
　　벼르고 벼른다네

양국준의 화답이 없자 또 한 수로 독촉한다.

　　기러기 중천에 날듯
　　한적한 자세로
　　내 한 번 판 위에서
　　승부를 잊어 보았네
　　허나 사그러진 잿더미도
　　불길 다시 살아나고
　　궁한 짐승도
　　일전을 각오하니
　　전일에 패한 설욕
　　한 칼 들어 풀 수 있을 것이
　　복수의 분한 마음
　　양천추를 주저하리
　　금구 맑은 물 분수에 없으나
　　부슬부슬 비 내리는 밤에
　　다시 한 번 겨뤄 보세

　왕방은 중국 역사상의 바둑명수를 말한다. 도개란 무제(武帝)의 호적수로, 밤새워 두다가 꾸벅꾸벅 조는 바람에 '초상집 개'와 같고 '바람에 흔들리는 방망이' 같다는 놀림에서 생긴 고사이다. 금구의 맑은 물이란 바둑 두기 알맞은 곳을 말한다.

　이 시를 읽으면서 사람들은 절로 웃음이 날 것이다. 당대에 쟁쟁하던 고관들이 아이들처럼 바둑에 져서 분한 나머지 도전장을 내밀고 있다. 얼마나 재미있는 이야기인가. 서기 1200년경, 다시 말해 지금으로부터 800년 전의 삶의 이야기다. 바둑은 그때나 지금이나 다르지 않다. 바둑 두는 마음이 같다는 뜻이다. 또 하나 중요한 사실은 시를 지어 마음을 표출하는 그 풍류에 있다. 이 시를 지을 당시의 이규보는 경제적 상황이 매우 어려운 처지였다고 한다.

조선조 세조 때의 문인 사가 서거정(四佳 徐巨正)의 문집에도 바둑시가 많기로 유명하다. 그중에서 승일암내청담기(僧一菴來請談記)라는 제목의 연작시를 보자.

> 일암 스님이 찾아와 바둑 두자네
> 내 일부러 느릿느릿
> 바둑통 먼지 털었지
> 바둑판 앞에서 오락가락 않는 사람
> 예부터 없었다네
> 이기면 어떻고 지면 또 어떠랴

어느 날인가 바둑 두기로 약속한 일암 스님이 오지 않아 기다리다 지쳐서 또 한 수 읊는다.

> 창밖엔 보슬비 내리는데
> 바둑판 앞에 앉아 있네
> 어인 일로 스님은 오지 않는가
> 한 잔 술에 나 홀로 취하여
> 시 한 수 오사지에 적어 보네

서거정이 절간으로 일암을 찾아가 바둑을 두는데 해는 기울고 가랑비는 내려 일어서려니 일암이 옷소매를 잡으며 천일주 한 병을 내려놓는다.

> 조용한 절간이
> 바둑 두기 알맞네
> 마주앉아 말 없으니
> 해가 절로 더디구나
> 날 저물어 일어서려니
> 스님은 옷소매를 붙잡고
> 뜰 안 가득 홍작약엔
> 부슬부슬 비가 내리네

다음은 중국 당송 8대가 문장의 한 사람인 소동파(蘇東坡)의 바둑 한시(漢詩)이다.

　　　오로봉 아래
　　　백학사 절터
　　　노송 그늘 뜰을 덮어
　　　풍경도 시원한데
　　　나 혼자 거닐으니
　　　사람 그림자 볼 수 없네

　　　누가 바둑을 두는지
　　　방문 앞 신발 두 켤레
　　　말소리 안 들리는데
　　　돌 소리 간간하네
　　　바둑판 마주 앉아
　　　깊은 생각 누가 하나
　　　빙어 잉어 잡으려고
　　　빈 낚시 드리웠나

　　　더러 인근의 사람들이
　　　호젓하게 찾아주니
　　　이기면 흐뭇하고
　　　져도 또한 즐거워
　　　태평세월 재미있게
　　　한세상 살으리

　　고즈넉한 산사의 풍경이 한 폭의 그림처럼 정겹다. 한적하기 그지없는 조그만 암자. 사람은 안 보이는데 간간이 바둑돌 소리가 들린다. 방문 앞엔 신발 두 켤레가 놓여 있다. 돌 소리가 한동안 끊긴다. 한 사람이 장고를 하는 모양이다. 마치 강태공처럼 곧은 낚시로 세월을 낚듯 하는 것 같다. 더러 찾아오는 사람 있어 바둑삼매경에 빠진다. 이겨서 기쁘고 져도 또한 즐거운 것이 바둑이니 재미있게 한 세상 보내고 있는 그들이 부럽다는 것이다.

　　현대의 우리들은 잠시도 마음 놓지 못하고 바쁘게 쫓기며 살아간다. 수시로 우리들은 잡다하고 곤욕스러운 일상에서 벗어나 자기를 돌아볼 공간을 소망한다. 억압과 핍박을 받으면 받을수록 마음의 여유를 느끼며 살고 싶어 한다. 소동파는 우리들의 소망을 지적하여 대리만족을 안겨 주었다. 그래서 문학은 사람들의 울분을 대신하여 소리치고 마음을 달래 주고 희망의 가능성을 일러 준다. 문학의 소용이 거기에 있는 것이다.

「신선의 노래」(遊仙詞)
영롱한 꽃그림자 바둑판을 덮었는데
한낮에 소나무 그늘에서 천천히 바둑을 두노라
시냇가에 흰 용을 타고 하늘 연못을 향해 달려가리라.

위의 시는 조선조 중기의 유명한 여류 시인 허난설헌이 지은 「유선사(遊仙詞)」 87수 중에서 한 수를
소개한 것이다. 고려·조선시대를 통틀어서 최고의 여류 시인으로 손꼽히는 허난설헌이 바둑시를 읊
은 것은 정말 반가운 일이며, 그녀의 바둑시는 한국 바둑사의 귀중한 자료이다.

2) 바둑소설

문학 중에서도 가장 많은 독자층을 형성하고 있는 것이 '소설'이라는 장르이다. 소설
은 다른 문학 양식인 시, 희곡, 수필 등과는 달리 현대인의 삶에 가장 밀접한 양식이 되
어 버렸다. 따라서 문학 중에서도 소설은 삶의 진실을 표현하는 가장 기초적이고 중요한
수단이라고 할 수 있다.

바둑을 소재로 한 소설은 현대에 와서 출현했다. 일본에서 가와바타 야스나리의 『명
인』을 필두로 내기바둑의 세계를 다룬 『도기』, 『바둑수호지』 등이 나왔다. 한국에서는
1992년 홍성화의 『입단연가』가 최초의 국내 바둑소설로 발표되어 본격적인 바둑소설의
효시가 되었다. 그 후로 1997년, 조세래의 『역수』가 발표되면서 바둑소설의 문학적 완
성도를 높였으며, 이 소설은 2002년에 『승부』로 제목을 바꾸어 다시 편찬되었다. 조세

래 작가의 장편소설인 『승부』는 "승부의 이면에서 이름 한 자 남기지 못하고 불행하게 쓰러져 간 각계각층의 수많은 승부사들을 잊지 말아 달라."는 부탁이며, 나아가서 "그들이 남긴 숭고한 승부 정신을 헛되이 말고 후세 사람들이 본받아 앞날의 지표로 삼았으면" 하는 저자의 메시지를 담고 있다. 비정한 승부의 세계를 살아가던 승부사들의 애환과 처절한 삶을, 민족의 역사와 그 시대 바둑계를 배경으로 전개하고 있는 작품이다.

지금까지 국내에서 단행본이나 잡지 등을 통해 공식적으로 발표된 바둑소설은 총 48편 정도이며, 이 중에서 장편소설이 19편, 단편소설 13편, 콩트가 16편이다. 바둑을 소재로 삼은 대표적인 소설들을 살펴보면 다음과 같다.

(1) 조세래의 『승부』

조세래의 『승부』('역수'와 동일)는 '어두운 시대를 물처럼 떠돌다 간 진정한 승부사들의 이야기'를 담고 있는 정통 바둑소설이다. 온전히 바둑을 소재로 한 본격 바둑소설로, 암울한 역사의 시기에 평생을 암울하게 살다 죽은 아버지(추평사)와 아들(추동삼)이 대를 이어 자신의 목숨을 걸고 펼쳐 온 승부의 세계에 대한 이야기이다. 그리고 일제 강점기와 해방 공간의 혼란한 시기에 오직 바둑을 위해 자신의 삶 전체를 승부하던 야인 기객(棋客)들의 이야기도 함께 펼쳐진다. 수많은 승부를 통해 철저하게 부서지거나 처절하게 무너져 가는 승부의 전 과정을 통해 자신의 삶을 완성해 가는 승부사들의 애환을 그린 소설로서, 바둑을 소재로 한 장편바둑소설이지만 단순한 바둑 이야기에 그치지 않고 구한말과 식민지 시대, 해방, 그리고 신 군사독재 시대를 거쳐 오면서 살아온 수많은 선대 기객들의 이야기를 담아내고 있다.

소설가 김성동(金聖東)은 『역수』의 발문을 통해 이 작품을 참다운 의미에서 '최초의 바둑소설'이라 칭하며 바둑소설로서의 가치뿐 아니라 민족의 긍지를 심어 주는 역사소설로서의 의미를 부여한 바 있다.

(2) 가와바타 야스나리의 『명인』

일본인 최초로 노벨문학상을 수상한 작가, 가와바타 야스나리의 『명인(名人)』은 실존인물인 혼인보 슈사이 명인의 '인퇴기'에 대한 이야기이다. 이 바둑은 도쿄 니치니치 신문사가 주최하여 1938년 6월 26일부터 12월 4일까지 장장 반년여에 걸쳐 두어졌으며, 일본 바둑사에 중요한 획을 긋는 전환점 역할을 했다는 데에서 큰 의미를 갖는 대국이다. 마지막 세습 명인 혼인보 슈사이(秀栽, 1874~1940)의 패배는 저물어 가는 한 시대의 상징이었으며, 그에게 승리한 기타니는 새로 도래할 시대의 상징이었기 때문이다. 작가 가와바타 야스나리는 당시 이 기전에 대한 관전기를 신문에 연재해 좋은 반응을 얻었었고, 이 소설은 그때의 관전기를 한 권의 책으로 묶어 낸 것이다.

소설의 내용은 그 시대 최고의 기사에게 바쳐지는 명예인 '명인(名人)' 혼인보 슈사이(秀栽)와, 소설 속에서 '오다케(大竹)'로 등장하는 상대인 기타니 미노루(木谷実) 7단의 대국에 대한 관전기이다. 이처럼 하나의 관전기에 불과한 이 글이 소설로 엮일 수 있었던 것은 우리가 흔히 접하게 되는 관전기와는 전혀 성격이 다르기 때문이다. 작가는 이 소설 속에서 바둑 내용에 대한 해설도 언급해 주고 있지만, 그보다는 대국자의 영혼을 그리는 세세한 묘사를 통해 빈틈없이 정교한 관전기를 쓰고 있다.

작가는 대국이 시작될 때부터 오랜 세월에 걸쳐 막을 내릴 때까지 거기에 얽힌 모든 이야기를 들려준다. 대국이 개최된 배경, 대국 장소의 풍경들, 대국과 관련된 에피소드, 관계자들에 대한 뒷이야기 등 우리가 단지 기보를 놓아 보는 것만으로는 전혀 알 수 없는 구체적인 사실들을 그대로 전해 주고 있는 것이다. 그리고 무엇보다 이 대국에 임하는 두 기사의 승부 호흡과 내면 심리를 작가의 섬세한 관찰력과 풍부한 묘사로 생생히 표현해 내고 있다. 그래서 소설을 읽는 동안에는 마치 독자 자신도 이 대국을 직접 관전하고 있다는 느낌을 받게 되며 승부의 생생한 감동이 전해진다.

소설 『명인(名人)』은 뛰어난 문장력과 정교한 묘사를 통해 오랜 세월 동안 한판의 대국에 목숨을 걸고 싸움을 벌이는 두 고수의 승부사적인 집념과 열정을 고스란히 전해 주고 있으며, 바둑 한 판을 어떻게 예술로 승화시킬 수 있는지를 구체적으로 보여 준 훌륭한 작품이다.

(3) 샨사의 『바둑 두는 여자』

이 소설은 청나라 귀족 가문의 후손인 중국 소녀와 만주국 주둔군으로 건너온 한 일본군 장교의 이야기이다. 봉건적 이데올로기의 억압으로부터 벗어나기 위해 몸부림치는 소녀, 그리고 군국주의 이데올로기의 허구성을 조금씩 깨달아 가는 청년의 자아의식과 내면세계를 그리고 있다. 작가는 이 두 남녀 주인공들의 시점을 차례로 교차시켜 가며 소설을 전개하고 있는데, 바둑을 주요 제재로 삼고 있기보다는 당시 사회의 배경, 즉 중국과 일본의 전쟁으로 얽힌 역사 속에서 비극적 운명을 맞이하는 인물들의 사랑 이야기에 초점을 두고 있다. 바둑은 여러 가지 묘사와 설정 속에서 소설의 분위기를 오묘하게 이끌어 가는 역할을 하고 있으며, 두 남녀 주인공을 연결해 주는 매개체로서 그들을 이어 주는 유일한 끈이자 숨 막히는 현실에서 벗어나게 해 주는 해방구가 된다.

『바둑 두는 여자』의 경우 소설의 주제는 바둑에서 벗어나 있기 때문에 바둑소설로 보기 어렵다고 할 수도 있겠으나, 작가가 제목뿐만 아니라 소설의 전체적인 분위기를 이끌어 가는 소재로 바둑을 사용하고 있고, 두 주인공인 중국 소녀와 일본 장교를 연결해 주는 매개체로서 바둑이 주요 도구로 쓰인 점을 감안할 때 바둑소설에 포함시키는 것이 타당해 보인다.

한편, 샨사의 『바둑 두는 여자』는 프랑스 고등학생들이 선정한 가장 읽고 싶은 책 '공쿠르 데 리쎄앙 상'을 수상한 책으로 우리나라 고등학생 대상 권장 도서 70권에 들기도 했다.

(4) 홍성화의 『입단연가』

이 작품은 바둑에 심취하여 대학 진학마저 포기하고 바둑판에 인생을 몽땅 내걸었던 한 젊은이의 자전적(自伝的) 성장기를 다룬, 최초의 본격 국내 바둑소설이다. '냉혹한 승부의 세계에서 피어난 따뜻한 인간미'를 그리고 있으며 저자 자신이 바둑의 달인으로서 바둑에 대한 해박한 지식과 쓰라린 경험을 토대로 위기십결(圍棋十訣)의 바둑 전술과 교훈들을 세상 이야기 속에 접목시켜 엮어 간다.

특히 입단을 꿈꾸는 같은 뜻을 지닌 동료 기사들의 끈끈한 우정, 종국에 가서는 자기의 모든 것을 친구를 위해 내던지는 살신성인의 경지로 이끌어 가는 결말이 감동적이다. 단지 오락으로서가 아니라 냉엄한 승부의 세계로 바둑을 평가하려는 작가의 진지한 자세는 바둑에 대한 저자의 순수한 열정을 느끼게 해 준다. 이 작품 곳곳에서 저자의 이러한 열정은 뜨겁게 느껴지고 있다.

(5) 성석제의 「고수」

성석제의 단편소설 「고수」는 바둑의 뛰어난 고수가 내기바둑에 연루되어 프로의 길을 가지 못했다는 안타까운 사연을 작가 특유의 담담하고 풍자적인 말투로 다루고 있는 작품이다. 작가는 '고수'로 묘사되는 인물의 바둑과 연루된 쓸쓸한 인생을 한 사내와의 대담 형식을 통해 서술하고 있다.

이 소설에 등장하는 고수들은 변두리 기원이나 당구장을 전전하며 내기를 걸어 푼돈이나 긁어모으는 떠돌이들에 다름없지만, 성석제는 이들을 가리켜 '물신(物神)'이라는 획일적인 돋보기로는 보이지 않는 인물들이라고 말한다. 그런 의미로 보면 이 소설에서 벌어지는 고수의 한판 승부는 단순한 내기바둑이 아니라, 지금은 전설이 되어 버린 한량들의 삶을 통해 산업사회의 질서를 거스르며 '인간적인 삶이란 무엇인가'에 질문을 던지려는 작가의 의도로 해석될 수 있다.

성석제의 「고수」는 '바둑에 이기고 인생에 진 이야기'의 허망함과 함께 인생의 쓰디쓴 교훈을 알려주고 있는 가장 대표적인 내기바둑소설이라 할 수 있다.

(6) 박현욱의 「이무기」

성장담에 속하는 박현욱의 단편소설 「이무기」는 바둑에 모든 것을 걸었던 열아홉 청년 '강(姜)'의 바둑인생 십 년을 압축적으로 전하는 알레고리적 소설이다. 스무 살이 되기 전, 연구생으로서 입단대회에 나갈 수 있는 마지막 기회를 얻은 주인공은 벼랑 끝에 서서 인생을 건 숙명의 대국을 펼쳐 나간다. 치열한 경쟁자들을 물리치고 입단을 결정하는 단 한 판의 대국을 맞이한 강. 한 판의 바둑에 인생이 걸리게 되면 바둑은 더 이상 일상적인 담소일 수만은 없다.

그때부터 바둑은 전쟁이 된다. '상대방과의 싸움이며 자기 자신과의 싸움'인 것이다. 열아홉 살인 주인공은 아마추어 세계에서 프로의 세계로 진입하는 '문턱'에 서 있다. 그러나 입단대회의 마지막 대국에서 숙명처럼 패배한 주인공은, 결국 '무한한 천상'의 세계인 프로의 세계로 들어서지 못한다. '아름다운 완성'인 용으로 승천하지 못하고 미완의 세계에서 이무기로 남게 된 것이다.

이 소설은 프로의 세계에 들어서기 위해 열심히 노력했지만 결국 루저(이무기)가 되고 만 주인공의 바둑 이야기를 통해 세계의 은폐된 질서와 인생의 이치를 우화적으로 전해 주고 있다.

3) 바둑 에세이

바둑 에세이는 바둑을 소재로 한 수필을 가리킨다. 바둑수필은 곳곳에 널려 있으며, 국내의 경우 1970년대~1980년대에 많이 발표되었다. 단편수필에는 『선문(禪門)과 바둑』(서경보, 1976), 『유리알 유희와 바둑』(김병익, 1977), 『바둑은 예술』(민병산, 1978), 『기도(棋道)의 참뜻』(이성범, 1979), 『시와 바둑』(박재삼, 1986) 등이 대표적이며, 정수현의 『반상의 파노라마』(1997), 『인생과 바둑』(2001), 박치문의 『요순에서 이창호까지』(1992), 이광구의 『바둑이야기』(1992), 양상국의 『바둑의 길, 삶의 길』(2001) 등 에세이집으로 출간된 것들도 있다.

강홍규의 『관철동시대』(1987)는 우리나라의 본격적인 바둑수필집이다. 한국기원이 관철동에 자리 잡고 있었던 관계로 그곳에 출입한 유명 인사들의 10여 년간의 행적과 에피소드를 털어놓아 바둑계의 이면사로 불리기까지 했다. 이후 노승일의 『굿바이 관철동』(1994), 박치문의 『관철동시대』(1997) 등 관철동을 중심으로 바둑계의 거목들에 얽힌 바둑 이야기를 실은 에세이집이 출간되어 세계에 명성을 날린 바둑기사들과의 에피소드 등을 담아냈다.

바둑문화연구가 이승우 선생이 묶어 낸 『바둑을 사랑하는 사람들』(1994)은 1968년~1994년까지 바둑지에 실렸던 문인들의 수필을 한데 모아 책으로 펴낸 것이다. 저명한 시인, 소설가, 문학평론가들의 바둑을 소재로 한 글이 실려 있다. 이후로 편찬된 남상일의 『철학으로 본 바둑 에세이』(1992), 박우석의 『바둑철학』(2002), 문용직의 『바둑의 발견』(2005) 등은 순수한 바둑수필이라기보다 학술적인 면이 짙다.

한편, 인물 중심의 에세이도 속속 등장했다. 2004년에 『전신 조훈현』(조훈현·김종서 저), 『조남철 회고록-세 번의 눈물』(조남철·양형모 저)이 선을 보인 데 이어 『나의 형 이창호』(이영호 저, 2005), 『이창호의 부득탐승』(이창호·손종수 저, 2011), 『판을 엎어라』(이세돌 저, 2012) 등이 출간되면서 드라마틱한 승부사들의 반상 이야기를 에세이 형식으로 풀어냈다.

인물 중심의 바둑 에세이

4) 바둑동화

(1) 김종렬의 『아홉 개의 바둑돌』

국내 최초의 바둑동화인 『아홉 개의 바둑돌』은 서로 닫혀 있던 아빠와 아이의 마음이 바둑을 통해 조금씩 열리게 되는 이야기다. 바둑만 좋아하는 아빠와, 그런 아빠를 이해하지 못한 채 야구만 좋아하는 아들 주노. 서로 대화가 단절된 채 살던 두 부자는, 어느 날 갑작스럽게 아빠의 죽음을 맞이함으로써 오히려 끊겼던 대화를 시작하게 된다.

죽은 아빠와 살아 있는 아들이 대화하는 방법은 다름 아닌 바둑. 아빠는 영혼이 된 채 아들의 앞에 나타난다. 아빠가 살아 계신 동안에는 전혀 아빠와 대화하려고도, 이해하려고도 하지 않았던 주노는 아빠에게 바둑을 배우게 되면서 조금씩 마음의 문을 열게 되고, 표현되지 않았던 아빠의 사랑을 느끼게 된다.

말을 하지 않아도 상대의 생각을 읽을 수 있는 능력을 갖게 된 아빠 역시 주노의 마음속에 담겨 있던 수많은 말들을 비로소 이해하게 된다. 아무리 친한 사이일지라도 '대화'란 가장 중요한 언어 소통임을 바탕에 깔고, 가족과의 관계에 있어서도 대화를 통해 서로를 이해하는 것이 얼마나 소중한 것인지 일깨우는 동화이다.

특히 이 작품은 아빠가 아들인 주노에게 바둑을 가르쳐 주는 대목에서 실제로 기본적인 바둑 규칙들을 설명해 줌으로써, 이 동화를 읽고 나면 바둑 두는 법을 어느 정도 알 수 있게 해 준다는 점에 큰 의의가 있다.

(2) 주경희의 『고수의 바둑』

『고수의 바둑』은 현재 한국기원 소속 기사인 나현 5단을 실제 모델로 한 다큐동화이다. 이 동화는 앞으로 이창호 9단을 능가할 바둑 신동 나현(당시 12살) 군의 실화를 바탕으로 재구성하여 어린 시절부터 연구생 시절의 에피소드를 담아냈으며, 다섯 살 때부터 아빠 곁에서 바둑을 두다 재능을 발견하고 그 재능을 위해 끊임없이 노력하는 모습을 생생하게 그리고 있다.

기대주로 주목받았던 나현(1995년생)은 2010년 입단에 성공하여 한국기원 소속 프로기사가 되었고, 2013년 제4회 인천실내무도아시아경기대회 바둑 남자 단체에서 금메달을 획득하였으며, 2014년 9월에 열린 제10기 한국물가정보배 프로기전 결승 3번기에서 생애 최초로 우승컵을 차지하는 등 맹활약을 펼치고 있다.

『고수의 바둑』은 '꿈을 꿀 수 있는 사람만이 성취할 수 있다'는 주제를 담고 있는 성장 동화로, 무엇보다 따뜻한 후원을 아끼지 않은 가족들의 희생과 주인공인 나현 본인의 끊임없는 노력이 가슴 찡한 감동으로 다가온다.

(3) 김종서의 『바둑천국 마라도』

김종서 작가의 『바둑천국 마라도』는 취재 여행으로 마라도를 찾은 저자가 아름다운 자연 풍광과 구김살 없는 섬 아이들에게 반해 구상한 이야기를 담은 책이다. 어린이와 어른들이 바둑을 통해 친구가 되는 따뜻한 이야기를 감성적으로 그려 내고 있다.

한반도 최남단 마라도에 어느 날 이상한 노인이 찾아오면서 섬 전체에 바둑 열풍이 분다. 알고 보니 그 노인은 은퇴한 바둑 고수였다. 마라도 사람들은 저마다 크고 작은 에피소드를 겪으며, 아이들은 물론 모든 섬 주민들이 바둑을 배우게 된다. 결국 바둑을 매개체로 섬 사람들이 모두 하나가 되고 드디어 마라도 분교에서 바둑 천재가 탄생한다.

외딴 섬 등대를 지키는 아버지와 딸, 해녀 할망과 바보 손자, 스님과 신부님의 바둑 대결, 아토피를 앓는 바둑 천재와 그 아이에게 자신의 모든 것을 쏟아 붓는 스승의 이야기가 마라도의 아름다운 자연을 배경으로 잔잔하게 펼쳐진다.

작가는 그동안 전국 방방곡곡을 다니며 수집한 바둑 관련 이야기들 가운데 추자도에서 서울로 바둑 유학을 온 세 자매 이야기와 이세돌 9단을 배출한 비금도 바둑캠프에서 만났던 섬 소년들의 모습이 특히 기억에 남아 작품을 집필하게 되었다고 한다.

어린이들에게 바둑 기술만 가르치기보단 이렇게 따뜻하고 아름다운 바둑 이야기를 들려주는 것도 어린이 바둑 보급의 탁월한 방법론이 될 것이다.

바둑동화

5) 바둑설화

최근 문화콘텐츠 스토리텔링에서 원천 콘텐츠로서의 설화(說話)의 가치가 주목받고 있다. 설화의 중요성이 시대가 지날수록 더욱 강조되고 있는 까닭은 그 민족이 소유한 설화 속에 자기 민족만이 가진 독특한 문화가 깊이 내재되어 있기 때문이다.

금기서화(琴棋書畵)의 네 가지 예(藝)의 하나로서 동양의 최고 유희로 여겨지는 바둑은 4천 년이라는 역사 속에 인물과 사건에 얽힌 풍부한 이야기를 지니고 있다. 특히 한국 바둑설화는 바둑이 한국문화 속에서 어떻게 꽃피어 왔으며 당대의 사람들에게 어떻게 인식되어 왔는지를 알려주고, 바둑이 지니고 있는 다양한 가치와 특질에 대해 폭넓게 이해시키는 역할을 한다. 또한 원천 소스가 되는 중요한 콘텐츠로서 다양한 문화콘텐츠로 전환시킬 수 있는 잠재력을 내포하고 있다.

한국의 대표적인 바둑설화를 알아보기로 하자.

(1) 난가(爛柯)

옛날 지리산 밑에 사는 한 나무꾼이 나무를 하러 도끼를 메고 깊은 산속으로 들어갔다. 심심산길을 가다 보니 맑은 시냇물이 흐르고 노송의 그늘이 드리운 경치 좋은 반석 위에서 웬 선비 차림의 노인이 스님과 바둑을 두고 있었다. 그들은 "진감선사(眞鑑禪師),

이번에는 자네가 지네.", "문장고운(文章孤雲), 자네는 나를 못 당하네." 하고 서로 농담하면서 흥겹게 바둑을 두는 것이었다. 나무꾼은 너무도 신기하여 자신도 모르게 그 분위기에 휩쓸려서 나무하는 것도 잊어버린 채 도끼를 옆에 세워 놓고 정신없이 구경하였다.

얼마 후 바둑 한 판이 끝났는데 나무꾼이 그제야 정신을 차려 보니 옆에 세워 둔 도끼자루가 썩어 있었고 해는 서산에 기울었다. 나무꾼이 돌아가겠다고 인사를 하자 선비 차림의 노인이 시장하겠다면서 주머니에서 솜조각 같은 것을 꺼내어 주며 먹어 보라고 하기에 맛을 보니 무슨 된장을 묻힌 것 같은 찝찔한 맛이 나 비위에 거슬려서 뱉어 버렸다. 이것을 보고 선비 차림의 노인이 긴 한숨을 내쉬면서 "네가 그것을 삼켰으면 나와 같이 영생(永生)을 할 수 있었는데 뱉었으니 할 수 없다. 어서 집으로 돌아가라."고 말했다.

나무꾼은 서운한 마음을 금치 못하며 집으로 돌아왔더니 이게 어찌 된 일인가. 집에서는 아내가 남편이 죽은 지 3년이 되었다 하여 3년상 제사 준비를 하고 있었다. 나무꾼이 산속에서 신선들의 바둑 한 판을 구경하는 동안 속세에서는 3년의 세월이 흐른 것이다.

<최고운의 바둑전설>

(2) 예성강곡(禮成江曲)

고려 초기, 이 땅에 불교 문화가 번성하고 있을 무렵, 중국 대륙에는 송(宋)나라의 유교 문화가 꽃피고 있었다. 고려와 송나라는 육로보다도 주로 뱃길을 통해 문물을 교류했는데 중국에서 뱃길로 고려에 들어올 때는 항상 예성강을 이용했기 때문에 예성강 어구에는 송나라 상선들이 모여들어 성시를 이루었다. 또한 그 시절 송나라 상인들은 대개 수백 명씩 떼를 지어 고려에 건너왔으며 그들 상인을 통솔하고 고려국과 교섭하는 대표자가 있었으니 그 사람을 가리켜 두강(頭綱), 혹은 도강(都綱)이라고 칭했다.

정확한 연대는 알 수 없지만 중국 상인중에 하(賀)씨 성을 가진 두강이 있었다. 그는 풍채가 좋았으며 풍류·예능도 겸비해 여러 두강 중에서 단연 유명한 존재였다. 어느 해 하두강이 중국으로부터 많은 물건을 싣고 고려에 건너와 예성강 어구에 배를 대고 고려국과 무역 업무를 수행하는 동안 그는 객사(客舍) 부근에서 뜻밖에 절세의 미인을 발견했다. 천하의 풍류객인 하두강은 고려의 미인을 한번 본 뒤부터 오매불망, 짝사랑에 빠졌다. 그는 장사에는 정신이 없고 자나 깨나 오직 '어떻게 하면 저 아름다운 여인을 내 사람으로 만들어서 중국으로 데려갈 수 있을까' 하고 궁리했다. 그는 사방으로 수소문하여 미인의 주위 환경을 조사한 끝에 그 남편이 바둑을 좋아한다는 사실을 알아냈다.

원래 바둑 고수였던 하두강은 바둑으로써 미인의 남편에게 접근해 갔다. 그는 미인의 남편과 날마다 내기바둑을 두면서 자기의 진짜 실력을 숨긴 채 일부러 돈과 상품을 수없이 잃어 주었다. 하두강에게는 엄청난 흑심이 있었으나 어리석은 미인의 남편은 전혀 흉계를 눈치채지 못했으며 그저 내기바둑에서 이겨 재물을 따는 것만 기뻐했다.

그러던 어느 날, 하두강이 드디어 본색을 드러내어 미인의 남편에게 건곤일척, 큰 내기바둑을 두자고 제의했다. 자신은 배에 실려 있는 물건 전부를 내기로 걸 터이니 상대방에게는 미인 아내를 걸고 한판 승부를 겨루자는 것이었다.

하두강의 술수에 완전히 말려든 미인의 남편은 자기가 당연히 이길 것으로 생각하고 재물에 욕심이 동하여 하두강의 제의에 흔쾌히 응했으며, 이번에는 하두강이 본래의 바둑 실력을 발휘하자 승부는 단번에 결판이 났다. 그리하여 미인의 남편은 바둑 한 판으로 그만 사랑하는 아내를 이국의 상인에게 빼앗기고 만 것이다.

소원성취한 하두강이 서둘러 미인을 배에 태우고 중국으로 떠나가니 어리석은 남편은 예성강 부두에서 멀리 떠나가는 아내를 바라보며 애타는 심정을 호소하는 구슬픈 노랫가락을 지어서 불렀다. 이것이 '예성강곡(禮成江曲)' 전편이라고 한다.

한편, 하두강이 즐거운 마음으로 미인을 배에 싣고 바다를 건너가는데 어느 지점에 이르자 갑자기 심한 폭풍이 불고 파도가 거세지면서 배가 제자리에서 맴을 돌며 한 치도 나가지를 못하는 것이었다. 뱃사람들이 모두 놀라서 점술사에게 원인을 물으니 점술사의 얘기가 "지금 이 배에는 하늘에 통해 있는 고려의 정절(貞節)부인이 타고 있기 때문에 서해용왕(西海龍王)께서 진노하여 배를 못 가게 하는 것이다. 배가 무사히 건너가려면 그 부인을 도로 고려국에 내려놓아야 한다."고 말했다.

이에 하두강은 안 된다며 펄펄 뛰었지만 당장 배가 뒤집힐 지경인데 어쩌랴. 배를 돌리지 않을 수 없었다. 한데 이상하게도 뱃머리를 고려 쪽으로 돌리자 폭풍과 파도가 순식간에 씻은 듯이 사라져 버렸다. 배에서 내린 미인이 남편과 재회하면서 감계무량하여 노래를 지어 불렀으니 이것이 '예성강곡' 후편이라고 한다.

(3) 진감선사와 쌍계사

최치원 시대로부터 무려 6백 년 후 조선조 중종(中宗) 때 전라도 곡성 서계(西溪) 땅에 남추라는 선비가 살고 있었다. 그는 인물이 준수할 뿐 아니라 재주가 출중하여 모든 학문을 배우지 않고도 통달했다. 그는 중종 21년(서기 1526년)에 진사급제를 하였으나 당시 대신이었던 남곤(南袞-기묘사화를 일으켜 수많은 선비들을 죽인 간신)의 미움을 받아 출세길이 막혀 버리자 28세의 젊은 나이에 고향인 곡성 서계로 돌아와 한운야학(閑雲野鶴)을 벗 삼아 지내면서도 선도 수련법을 배워 스스로 호를 선은(仙隱)이라 칭했다.

어느 해 가을, 남추는 자기 집 하인에게 편지 한 통을 써 주면서, "너는 이 서찰을 갖고 지금 곧 지리산 청학동(靑鶴洞)을 찾아가거라. 거기에 가면 노인 두 분이 바둑을 두고 있을 것이니 곡성 서계에서 왔다 말하고 이 서찰을 전한 다음 반드시 회답을 받아 오라."고 심부름을 시켰다.

하인은 주인의 분부대로 급히 지리산 청학동을 찾아갔더니 과연 산자수려한 골짜기에 아담한 집 한 채가 있고 도인과 노승(老僧)이 마주 앉아 바둑을 두고 있었다.

하인이 앞으로 나아가 공손히 절한 뒤 "소인은 곡성 서계의 남 진사댁 하인이온데 진사께서 이 서찰을 주시면서 꼭 회답을 받아 오라 하더이다." 하며 편지를 올렸다. 그러자 도인은 웃으면서 "네가 올 줄 알고 있었노라." 하고는 두던 바둑을 끝낸 뒤 회답과 함께 청옥(靑玉) 바둑돌 한 벌을 내주는 것이었다. 하인이 답장과 함께 바둑돌을 받아 들고 산을 내려오는데 이상하게도 발밑에 묵은 풀포기에서 새싹이 돋아나고 있었다. 청학동 신선들이 바둑을 끝마치는 동안 인간 세계에서는 계절이 바뀌었던 것이다.

(4) 효성왕과 신충

신라 34대 임금 효성왕(孝成王)의 왕자 시절 성명은 김승경(金承慶)이며 성덕왕(聖德王)의 둘째 아들이고 어머니는 소덕왕후이다. 승경왕자는 성품이 어질고 총명해 덕망과 학식 있는 문인 학자들과 사귀기를 좋아했는데 승경왕자와 가장 친근한 인사 중에 신충(信忠)이라는 선비가 있었다.

신충은 성격이 온유하고 학문이 높았으며 바둑을 잘 두어서 승경왕자와 좋은 적수였다. 둘이서 대국을 시작하면 날이 저물고 밤이 깊어 가는 줄을 몰랐고 두 사람의 우정은 바둑을 통해서 더욱 돈독해졌다. 그들은 여름철 날씨가 더울 때면 궁중 뜰 안에 있는 큰 잣나무 아래서 대국을 하며 때로는 시문을 논하고 세상 이야기도 했는데, 하루는 승경왕자가 잣나무 아래서 바둑을 두다가 신충에게 이런 맹세를 했다.

"나는 그대와의 우정을 영원히 잊지 않을 것이다. 만약 후일에라도 내가 그대를 잊는다면 이 잣나무가 증언을 하리라."

이에 신충은 너무 감격하여 절을 하고 충성을 맹세했다.

서기 737년 성덕이 재위 36년 만에 별세하고 승경왕자가 왕위를 계승하니 이가 곧 효성왕이다. 효성왕은 왕위에 오르자 즉각 죄수들에게 대사면령을 내리고 법령을 고치고, 인사 조처를 단행하는 등 새로운 정치를 시작했다. 상대등(上大等, 영의정 자리)에 정종(貞宗)을 임명하고 의충(義忠)을 중시(中侍)로 삼았다. 그러나 태자 시절에 가장 절친했던 바둑 친구 신충에게는 아무런 소식이 없었다.

신충은 혼자 말하기를 "새 임금께서 즉위한 초기이므로 정무에 바빠서 총망중에 나를 잊고 있을 뿐이지, 나를 버릴 사람은 아니다. 기다리자." 하고는 일각여삼추(一刻如三秋)로 임금의 부름을 학수고대했으나 달이 바뀌고 해가 바뀌어도 임금에게서는 소식이 없었다. 신충은 임금의 신의 없음을 원망하기 시작했고 원망하는 마음은 자꾸만 쌓여서 한이 되었다. 그래서 그는 효성왕이 왕자 시절에 자기와 바둑을 두며 맹세했던 그 잣나무 밑에 찾아가서 시 한 수를 써 붙였다.

<무릇 저 잣나무, 가을 아닌데 시들어진들, 너 어찌 잊으랴 하시던 말씀, 우러러 뵈옵던 낯이 계시온데, 달그림자 비친 옛 못에, 가는 물결은 하소하는 듯, 임의 얼굴 뵈올 건가, 세상 일 애처로운지고.> (유명한 신라 향가(鄕歌) 25수 중의 한 수)

잣나무에 신충의 한 맺힌 노래 가사가 붙은 뒤부터 이상하게도 나무는 잎이 마르고 가지가 축 늘어지면서 죽어 가기 시작했다. 어느 날 궁중 뜰을 산책하던 효성왕이 예전에 무성하던 잣나무가 갑자기 말라죽어 가는 것을 보고 괴이하게 여겨 사람을 시켜 알아보니 신충의 노래가 붙어 있는 것이었다.

왕은 그제야 크게 깨닫고 놀랐다. 옛날 그토록 다정했던 바둑 친구 신충을 잊었던 것을 후회하게 되었다. 이에 신충을 불러 사과하고는 벼슬을 주어 나라의 일들을 의논하게 되었다. 이렇게 되자 이상하게도 누렇게 말랐던 그 잣나무가 다시 살아났다는 것이다.

(5) 장님바둑

김청년이 살고 있는 마을에서는 그를 당할 적수가 없다고 자기 딴엔 바둑깨나 둔다는 것으로, 그는 적수를 찾아 헤매게 되었다. 교통과 정보가 덜 발달된 시절이기도 했다. 그러다가 하루는 날이 저물었다. 주위를 두루 살펴보았으나 산간벽지에 인가(人家)란 찾아볼 수 없었다. 김청년은 큰일 났다 싶어 빠른 걸음으로 길을 재촉하던 차에, 멀리서 개똥벌레의 빛 같은 불빛이 비쳤다. 이제 살았구나 싶어 그 불빛을 찾아가니 초가삼간의 보잘것없는 집이었다. 그러나 밤이슬만이라도 피해야 할 처지였으므로 염치를 무릅쓰고 주인을 찾았다.

잠시 후, 젊은 부인이 방문을 열고 나와 누구시냐고 했다. 길 가던 나그네인데 하룻밤 신세를 지자고 김청년은 말했다. 젊은 부인은, 집이 누추하지만 그래도 상관없다면 들어오라고 했다. 그 젊은 부인은 그 집의 며느리였던 것이다. 김청년이 노독(路毒)을 풀려고 하루 종일 걸어 노곤한 다리를 쭉 뻗고 자리에 들려는데 말소리가 들렸다. 그것은 고부간(姑婦間)에 주고받는 말이었다. "얘야, 우리 바둑 한판 둘까?" 하니, "네, 어머님!" 하고 대답했다. 그러더니 "네가 먼저 두어라." 했다.

김청년은 귀가 번쩍 뜨였다. 그러고는 유심히 들었다. 그런데 이상하게도 바둑판을 갖다 놓고 두는 것 같지 않았다. 이것이 그를 더 놀라게 했다.

"몇의 몇에 두었어요.", "그래, 몇의 몇이다." 이런 식으로 몇십 번을 주고받더니 젊은 며느리는, "제 말이 죽었네요. 오늘은 제가 졌습니다." 했고, "그래. 몇의 몇에 둔 것이 마수(魔手)였나 봐. 그럼 내일 또 두자."면서 말소리가 그치더니 곧이어 잠자리에 드는 듯했다.

이와 같은 상황을 접한 김청년은 그래도 제 딴은 바둑깨나 둔다고 자부했었는데, 말로써 바둑을 두고 있는 시어머니와 며느리의 대국을 알고는 깜짝 놀랐다. "세상에 이럴 수가 있나. 그러고 보니 아직 내 바둑은 멀었구나." 하고 자탄하면서 밤잠도 제대로 이루지 못하다가 날이 샜다. 소스라쳐 자리에서 일어나 보니 집도 없고 사람도 온데간데없었다.

(6) 조선국수 서천령

서천령(西川令)이란 종실(宗室) 사람이 있었다. 바둑을 잘 두어 조선 제일의 국수로 인정받았으며 세상에 대적할 자가 없었다. 지금까지도 오묘한 기법(棋法)이 전승되어 '서천령 수법'이라고 부른다.

서울로 수자리 살러 가는 늙은 군사 하나가 하도(下道)로부터 준마를 이끌고 올라와 서천령을 뵙고는 "공자께서 바둑을 잘 두신다고 들었습니다. 시험 삼아 겨루어서 제가 이기지 못하면 이 말을 드리겠습니다."라고 아뢰었다. 세 판을 두어 두 판을 지자 마침내 그 말을 내놓고 가며 말했다. "청컨대, 공자께서는 이 말을 잘 먹여 주십시오. 훗날 수자리를 마치고 돌아올 때 응당 다시 겨루어 이 말을 돌려받아 갈 것입니다."

서천령이 웃으며 "좋도록 하게나."라고 하였다. 이로부터 새로 준마를 얻은지라 다른 말보다 두 배나 잘 먹여 기르니 말이 매우 살졌다. 그 뒤 늙은 군사가 기일을 마치고 다시 찾아와 바둑 두기를 청하였다. 서천령은 세 번 두어 세 번 모두 졌다. 마침내 그 군사가 말을 끌고 가며 이렇게 말하는 것이었다. "소인이 이 말을 몹시 사랑하나 서울로 수자리 살러 가는 군사가 객지에서 잘 먹이기가 어렵다고 생각하여 공자 댁에 잠시 맡겨 두었습니다. 공자께서 잘 길러 주셔서 병들고 피로한 말이 살찌고 윤택하게 되었으니 뭐라 감사하다 해야 할지 모르겠습니다."

서천령은 한편으로는 분하기도 하면서 한편으로는 기이하게 여겼다. 훗날 그 사람이 거처하는 고을에 인편으로 소식을 전했는데, 고을 사람들 또한 그가 바둑에 신묘한 줄 알지 못했다. 어찌 절묘한 기예를 지녔으면서도 이름을 감추고 은둔한 사람이 아니겠는가!

바둑은 동양의 귀중한 문화유산으로 고대에서부터 오랜 시간 전승되어 오면서 바둑의 역사 속에 인물과 사건을 바탕으로 풍부한 이야기가 만들어졌고, 이러한 속성은 자연스레 문화적 아이템이 되어 다양한 문화콘텐츠 상품으로 전환시킬 수 있는 잠재력을 내포하게 되었다. 따라서 바둑의 원천 콘텐츠라고 할 수 있는 바둑설화를 활용한 스토리텔링은, 가치 있는 바둑문화콘텐츠 개발에 있어 중요한 역할을 할 수 있다.

예로부터 전해 내려오고 있는 한국 바둑설화는 우리 민족 문화의 보고라 할 수 있으며, 지금 이 시대에 바둑설화의 문화콘텐츠화는 매우 의의가 있고, 후세의 문화유산으로 전할 수 있는 문화적 가치가 큰 콘텐츠로 평가될 수 있다. 문학이나 설화, 역사 등 고전은 선조들이 우리에게 물려준 가장 큰 문화유산 중의 하나이다. 그것을 우리와 다음 세대가 향유하고 세계 속에 어필할 수 있는 콘텐츠로 만드는 작업은 매우 중요하다.

 학습활동

▌ 활동 1 ▌ 바둑문학의 이해   ACTIVITY

앞에서 소개한 바둑문학 작품들(바둑소설, 바둑동화, 바둑 에세이 등) 가운데 한 가지를 선택하여 읽고 감상문을 쓴 뒤 발표해 보자.

▌ 활동 2 ▌ 바둑설화의 이해   ACTIVITY

한국의 대표적인 바둑설화들을 읽고 각 설화가 담고 있는 주제와 문화적 의미에 대해 논의해 보자. 그리고 바둑설화의 문화콘텐츠 활용을 위한 스토리텔링 방법론에 대해 생각해 보자.

3. 바둑평론

▌학습목표	1. 관전기의 개념을 이해하고 집필할 수 있다. 2. 기사론의 내용과 중요성을 설명할 수 있다. 3. 바둑기술 강의의 종류와 특징을 설명할 수 있다.

학습내용

관전기와 기사론, 그리고 바둑강의 및 해설은 바둑 분야에서만 찾아볼 수 있는 특별한 콘텐츠들이다. 바둑을 대중들에게 이해시키기 위한 바둑평론 콘텐츠들의 개념과 특성을 이해하고 직접 창작해 보기로 하자.

1) 관전기(觀戰記)

바둑 시합을 구경하며 바둑의 흐름과 대국자의 심리와 행동 등을 기록한 글을 바둑 '관전기'라고 한다. 이 관전기는 단순히 바둑의 수순과 내용을 기록한 것이 아니라 '프로 또는 아마추어 유명 기사들의 대국 족적(足跡)을 좇으며 수(手)와 전략을 분석, 해설하는 동시에 현장 리포트를 가미한 글'(이홍렬, 2000)이라고 할 수 있다.

문학평론에 작품론이 있다면 바둑평론에는 관전기가 있다. 문학평론의 본령이 결국 대중들에게 읽히는 '작품'에 대한 다양한 방식의 해체라고 보면, 바둑평론에 있어서의 관전기 역시 대중들에게 보여지는 한 판의 바둑에 대한 품평회 작업인 것이다.

관전기는 바둑이라는 하나의 작품을 공급하는 기사(棋士)와 그 작품을 수요하는 대중 사이를 매개하는 바둑평론의 한 장르이다. 또한 관전기는 단순히 바둑 수에 대한 설명과 옳고 그름에 대한 판단에 그치지 않고 바둑 내용 이외에 기사와 관련된 주변 이야기를 싣거나, 기사의 심리 변화에 따른 내면의 흐름을 문학적으로 표현함으로써 단순한 수 분석을 넘어 문학작품의 성격을 띠게 되는 독특한 내용의 글이다.

<예시>

젊은 7단은 바둑이 끝났을 때, "선생님, 감사합니다." 하고 명인한테 절을 한 채로 고개를 깊이 수그리고 꼼짝도 하지 않는 것이었다. 두 손을 나란히 무릎 위에 놓고, 원래 하얀 얼굴이 창백해져 있었다.

명인이 판 위의 돌을 거두기 시작하자 오다케 7단도 따라서 흑돌을 통에 쓸어넣었다. 명인은 대국자의 감상다운 말을 한마디도 하지 않고, 언제나 그런 것처럼 자연스럽게 일어나서 대국실을 나갔다. 오다케 7단이 졌더라면 무슨 말을 했을 것이다.

나도 내 방으로 와서 언뜻 바깥을 보니까, 어쩌면 그렇게 빠른지 오다케 7단은 도테라로 갈아입고 마당에 나와, 저쪽의 벤치에 혼자 걸터앉아 있었다. 겨울 날씨의 흐린 저녁나절 냉기가 감도는 넓은 마당에서 생각에 잠긴 모습이었다.

—가와바타 야스나리, 『명인』

위의 글은 '혼인보 슈사이 명인의 인퇴기'를 소설 형식으로 엮은 관전기의 일부이다. 장장 반년여에 걸쳐 두어진 대국이 끝났을 때 두 대국자의 모습에 대한 정교하고 생생한 묘사에서 목숨을 걸고 싸운 뒤에 깨닫는 허망함과 쓸쓸함이 묻어나고 있다. 이처럼 한 장면 한 장면이 살아서 움직이는 뛰어난 문학성이 담겨 있는 글을 단순히 바둑 해설에 국한시킬 수 있겠는가. 따라서 관전기를 바둑평론의 대표적인 장르로 삼고, 문학성이 가미된 글로 인정하는 것이 타당하다.

바둑에 관련된 글을 통해 아마추어에게 바둑문화를 전달하는 역할을 하는 관전기자는 대체로 프리랜서로 활동하고 있으며, 바둑 관전기 해설가, 바둑문화 연구가, 바둑 기고가, 언론사 기자 등이 이에 해당된다.

우리나라 관전기의 예를 살펴보자.

<예시>

"이번 대국에서도 두 기사의 비슷한 기풍답게 현란하거나 일순간에 끓어오르는 폭풍과 같은 격동이 눈에 띄지 않는다. 뚜벅뚜벅, 그저 두 나그네가 오솔길을 제각각 걷듯 반상에 돌들을 채워 나가는 것 같다. 하지만 그곳엔 한 치 양보 없는 치열함이 숨어 있다. 평화롭게 걷는 듯 보이지만 밀리면 그대로 끝장나는 그야말로 부동의 고통이 내재되어 있으리라."

—제5회 농심신라면배 세계바둑최강전 최종국, 신영복 자유기고가

"꿈의 밭은 일구면 일굴수록 좋다. 꽃피는 봄날, '꽃보다 아름다운 청년' 조한승이 평생에 다시 쥐기 힘든 기회를 잡으러 대한해협을 건너갔다. 조한승의 백번. 판 위에 반짝이는 햇살. 라일락꽃 피듯 흐름이 조한승을 따라온다. 낯익은 포석을 야마시타 기성이 들고 나왔다. 반갑다."

—제21회 후지쯔배 세계바둑선수권대회 본선 2회전, 박해진 시인

"흑71까지 뽕나무밭이 푸른 바다로 바뀌는 변화가 일어났다. 그리고 이 결과는 백의 대

성공이었다. 신기한 일이다. 조금 전만 해도 백은 무척 갑갑했는데 문득 '버리자'는 데에
생각이 미쳤고, 거기서 서광(瑞光)을 봤다."

　　　　　　　　　　　　　—제11회 삼성화재배 준결승 2국, 안성문 바둑기고가

"백94의 붙임에서 사금파리처럼 날카로워진 박영훈의 정신을 느낄 수 있다. 그의 바둑은
대체로 곡선이고 부드럽지만 이제는 그럴 수 없다. 대신 이세돌의 흑95는 온유하다. 백
96으로 틀을 잡자 흑97의 가로막기. 여기서 박영훈은 백98로 맹렬히 젖혀 간다."

　　　　　　　　　　　—제12회 삼성화재배 결승3번기 최종국, 박치문 중앙일보 전문위원

"서반의 진행에서는 창하오의 타이트한 웅크림이 먼저 눈에 띈다. 백6으로 좁게 협공하
고 다시 백8로 몸보신을 하고 거기서 10으로 겸손하게 전개한다. 다시 군말 없이 백12로
힘을 비축한 데까지 거의 굴종에 가까운 방어 노선이다."

　　　　　　　　　　　　　—제20회 후지쯔배 16강전, 노승일 바둑기고가

　이 예에서 보듯이, 상당수의 관전기에서는 바둑수 해설과 소식 전달 등의 차원을 넘어
바둑의 의미, 예술성, 기사의 인생관, 기풍 등 기록문 이상의 내용을 담고 있다. 기본적
으로는 바둑의 내용을 독자가 이해하기 쉽게 평하는 것이 관전기의 주요 목적이지만, 관
전기에는 이와 같은 내용이 가미되어 문학성 또는 예술성을 내포하게 된다. 따라서 바둑
팬들은 김성동, 노승일, 박재삼, 박치문, 이광구, 조남사 등의 대표 관전기자의 관전기를
찾아 읽으며 다른 문학작품 못지않은 감동과 즐거움, 지식과 교훈, 카타르시스, 대리만
족 등을 얻는다. 최근에는 프로기사가 해설하고 문필 능력이 뛰어난 기고가가 함께 관전
기를 저술하는 방식도 나타나면서 바둑팬들의 욕구를 충족시켜 주고 있다.

　바둑이 존재하는 한 관전기도 사라지지 않을 것이다. 그렇기 때문에 바둑을 둘러싼 환
경의 변화에 걸맞게 바둑이 변해야 되고 그에 따라 관전기도 변해야 한다는 문제 또한
제기되고 있다. 바둑이 하나의 유력한 문화콘텐츠가 된다면 관전기 역시 유력한 문화콘
텐츠가 될 수 있다. 문화콘텐츠가 한 국가의 부(富)를 좌우하게 된다는 문화의 시대에
'접은 손수건만 한' 좁은 공간에 무궁무진한 콘텐츠를 담아내야 한다.

2) 기사론(棋士論)

　바둑평론에 있어서 기사론은 문학평론의 작가론, 영화평론의 배우론에 호응하는 영역
이다. 문학에 있어서의 3주체, 즉 작가, 독자, 작품은 바둑에 있어서 기사, 팬, 한 판의
바둑으로 치환된다. 그렇다면 작가론의 중요성만큼 기사론의 중요성 역시 아무리 강조
해도 지나침이 없을 것이다. 기사론의 등장이 바둑평론의 결정적인 전환점이 되었다는

평가도 있거니와 문학평론에서 작가론이 그러한 것처럼 기사론이야말로 바둑평론의 내용을 풍부하게 해 주는 역할을 하고 있다.

기사론은 기사의 생애, 업적, 기풍과 인간적인 면을 주요 내용으로 한다. 기사의 기풍이 관전기에서는 양념의 역할을 한다면, 기사론에서는 주 메뉴가 되는 것이다. 또한 기사의 인간적인 면을 다루는 것은 기사론의 핵심은 아닐지라도 빠져서는 안 되는 필수조건이라고 볼 수 있다.

다음으로, 기사의 기풍은 기보를 통해서만 분석이 가능하다고 본다면 관전기와 마찬가지로 기사론에서도 기보의 등장은 필수적이다. 단지 어느 특정 기사의 바둑을 주제로 한 평론이라 하더라도 기보를 통해 분석한 글이 아니라면 기사론이라고 할 수 없는 것이다. 다시 말해 기사론이 되게 하는 결정적 요소는, 그 글들이 '기보'에 근거하여 대표적인 기사들의 바둑의 특징을 탐구했냐는 점이다.

<예시>
"한 마리의 새가 허공을 난다. 그 새는 날개를 퍼덕이지도 않으며 갈기를 세우지도 않는다. 바람을 일으키지도 않으며 다만 바람을 따라 소리 없이 움직인다. 조훈현은 '질풍'은 아니다. 그는 상대를 다치거나 상대를 파괴하지 않는다. 지극한 평화주의자처럼 매우 부드럽게 전진한다. 그래서 상대가 여유 있는 포즈를 취하면 어느새 옆구리를 아프게 조여 놓고서 상대가 온몸을 긴장시키면 벌써 달아나 언제 그랬냐는 듯 허공을 본다."

"도전기 전 4국을 통하여 조훈현은 바람처럼 움직였다. 나뭇가지 끝에서 살랑거리기도 했으며, 상대의 세력 곁을 민첩하게 스쳐 지나가기도 했다. 이윽고 집의 균형이 깨진 뒤 상대가 정치(精緻)하지 못한 공격을 감행해 올 때 짧고 빠른 창으로 꿰뚫어 버리곤 했다. 그는 부드러운 바람이며 빠른 창이었다."
　　　　　　　　　　　　　　　　　　　　　　　―박치문, 「부드러운 바람, 빠른 창 / 조훈현」

"그러나 그의 바둑을 생각하노라면 굵고 뭉툭한 선 같은 것이 먼저 떠오른다. 판 전체를 위압하며 뚜벅뚜벅 지나가는 발자국 같은 것―. 안개에 가려 보이지 않다가도 시간이 지나면 결국 제자리에 제 모습을 드러내는 산 같은 것."
　　　　　　　　　　　　　　　　　　　　　　　―박치문, 「변하지 않을 청산 / 김인」

"코끼리를 탄 달마. 나는, 차라리 '달마'라는 새 별명을 달아 주고 싶다. 달마는 초상에서 장비를 사뭇 닮아 있다. 그러나 그 이미지는 훨씬 고매하고 훨씬 전설적이다. 철장(鐵杖)을 짚고 휘적휘적 걸어가는 달마라기보다는 다소 각색하여 '코끼리를 몰고 가는 달마'라야 그것이 장수영의 모습이 된다.
코끼리 다리의 파괴력과 진동력, 코로 휘감아 부드럽게 제압하는 그 힘. 유연성과 반탄력(反彈力)을 구비한 그 끈질김, 코끼리가 목전의 모든 장애물을 슬그머니 제쳐 버리면 그 위에 평안히 앉은 달마는 빙그레 웃으며 지나가는 것이다."
　　　　　　　　　　　　　　　　　　　　　―노승일, 「'장비'에서 '달마'까지 / 장수영론」

위의 예시는 특정 기사의 바둑에 대한 논의를 기보에 근거하여 표현한 글들이다. 예를 들어, 박치문은 조훈현의 발 빠른 행마가 나타난 기보를 보여 주면서 그의 스피드 있는 행마(行馬)의 본질은 부드러움이라는 통찰에 도달하고 있다. 이렇듯 기사론은 스토리텔링을 통해 각 기사들의 개성과 기풍, 그들이 지니고 있는 바둑철학을 표현하고 대중들에게 더욱 흥미롭게 소개해 주는 역할을 한다.

1992년에 나온 『박치문 바둑 에세이: 요순에서 이창호까지』는 제2부 「프로기사 이야기」에 한국 바둑문화의 정수(精髓)를 엿보게 하는 기사론 여덟 편을 수록하고 있는데, '조훈현 편, 서봉수 편, 김인 편, 하찬석 편'은 박치문 자신의 글이고, '유창혁 편'은 이광구, '서능욱 편'은 양동환, '장수영 편'은 노승일의 연구이다. 이들 중 이광구는 훗날 『이광구의 바둑 이야기』를, 노승일은 『굿바이 관철동』을 내어 『요순에서 이창호까지』의 맥(脈)을 이어 간다. 지금 거론되고 있는 기사론의 필자들은 현재도 왕성한 활동을 통해 한국 바둑문화의 근간을 이루고 있다. 기사론의 필자들이자 대표적 관전기자들이며 바둑평론가라 불리기에 손색이 없는 이들의 바둑에 대한 관심의 폭과 깊이, 그리고 그들의 열정은 결코 간단히 요약할 수 없다.

대중문화와 스포츠 분야에서 '스타 마케팅'이 중요하게 취급된 지는 이미 오래이다. 그럼에도 불구하고 바둑계의 스타는 진정한 의미에서의 스타가 되지 못하고 있는 형편이다. '스타 마케팅'의 핵심은 '포장'이라고 할 수 있다. 바둑에서의 기사론이야말로 포장에 딱 어울리는 도구가 될 수 있다. 바둑팬에게 있어 스타 기사의 기풍과 인간적인 면에 대한 에피소드는 더할 나위 없는 스토리텔링의 주제이다. 스타에 대한 이야깃거리를 만들고 이야기를 전파하고 독후감을 나누는 과정은 기사론만이 담을 수 있는 보물창고인 것이다.

3) 바둑기술 강의와 해설

바둑계에는 바둑기술을 가르치거나 프로기사들의 대국 내용을 아마추어에게 전달하는 역할을 하는 해설가가 있다. 바둑팬들은 고수들의 강의를 통해 바둑기술을 배울 수 있을 뿐 아니라, 바둑 전문기사들의 해설을 들으며 프로의 대국을 감상할 수 있다.

이러한 콘텐츠가 바둑팬들에게 끼치는 영향력은 실로 굉장하다. 프로기사가 창출하여 제공하는 기보(棋譜)는 해설가와 평론가의 손에 의해 가공되어지는데, 이때 '언어'라는 매개체를 사용하여 수신자인 바둑팬들에게 전달되는 것이다. 실제로 기력이 낮을 경우 프로기사들의 난해한 대국을 이해하기 어려우며, 그러한 사람에게 기보는 거의 무의미하다고 할 수 있다. 또한 그 내용을 어느 정도 짐작할 수 있다고 하더라도 해설이 곁들여질 경우 더욱 효과적으로 이해할 수 있다.

이때 강의자와 해설가의 역할은 상당히 중요한데, 단순히 기술 강의에 국한하는 것이 아니라 다양한 스토리텔링을 통해 아마추어들이 바둑의 흥미를 더욱 만끽할 수 있도록 해야 한다. 감칠맛 나게 표현되는 해설을 통해서 승부의 처절함과 희열, 기쁨, 감동을 느끼게 되기 때문이다.

바둑강좌 역시 아마추어들이 자신의 기력 수준에 맞추어 필요한 강좌를 들음으로써 부족한 부분을 보완하고 실력을 향상시킬 수 있는 길잡이 역할을 해 준다. 바둑기술 강의 및 해설은 신문·잡지·서적 등의 출판물이나 인터넷 바둑 사이트, 바둑방송 등을 통해 이루어지고 있다. 특히 바둑방송에서는 다양한 해설가들이 등장하여 프로그램을 진행하고 있어 시청자들의 취향에 따라 선호하는 해설가의 방송을 선택하여 들을 수 있으며, 강좌물도 다양하게 제작되고 있다.

바둑기술 강의와 해설 콘텐츠는 바둑팬들에게 기력 향상과 더불어 명국 감상을 통한 즐거움과 감동을 선사하는 중요한 콘텐츠로서, 더욱 풍성하고 다채로운 내용을 제공할 수 있도록 새롭고 다양하게 기획되어야 할 것이다.

바둑TV의 대표적인 강좌 프로그램

K-BADUK의 대표적인 강좌 프로그램

학습활동

▌ 활동 1 ▌ 신문 관전기 쓰기   **ACTIVITY**

신문에 연재되고 있는 관전기를 읽고 감상평을 나눈 후, 직접 짧은 관전기를 써 보자, 창의성을 발휘하여 새로운 형태(그림·캐릭터 등)로 구성해 보자, 발표를 통해 서로의 관전기에 대한 장·단점을 분석하고, 앞으로 관전기가 나아가야 할 방향에 대해 논의해 보자,

▌ 활동 2 ▐ 기사론 영상물 제작 ACTIVITY

새로운 형태의 기사론이라 할 수 있는 영상콘텐츠를 제작해 보자. 평소 자신이 좋아하는 프로기사를 찾아가 스마트폰이나 캠코더 등을 통해 인터뷰한 뒤 영상물로 제작하여 발표해 보자. 한국 프로기사의 '스타 마케팅' 전략에 대해서도 논의해 보자.

▌ 활동 3 ▐ 강좌 프로그램 분석 ACTIVITY

바둑TV 혹은 K-BADUK에서 제작한 방송 강좌 프로그램을 감상하고 장·단점에 대해 분석해 보자. 각 조별로 새로운 강좌물 구성안을 작성하여 발표해 보자.

4. 바둑만화

▌ 학습목표	1. 바둑을 소재로 한 만화의 종류를 설명할 수 있다. 2. 대표적인 바둑만화의 특징을 설명할 수 있다.

학습내용

만화는 21세기 문화콘텐츠 시대에 대중문화의 중요한 장르로 자리 잡고 있으며, 우리는 모바일, 인터넷, 서적 등을 통해 만화를 자유롭게 접하고 있다. 바둑을 소재로 한 만화는 어떤 작품들이 있는지 살펴보고, 바둑만화의 특징에 대해 알아보자.

1) 본격 바둑만화

(1) 고스트 바둑왕

만화는 글과 그림의 조합으로 현실과 다른 특별함, 예컨대 환상이나 유머, 과장 등을 표현하고 있어서 보는 이로 하여금 유쾌하고 즐거움을 주는 매력을 가지고 있다.

바둑만화의 대표적인 성공 사례는 홋타 유미의 『고스트 바둑왕』이다. 일본의 바둑만화인 『고스트 바둑왕』은 침체되어 가는 일본 바둑계에 새로운 바둑 붐을 일으켰으며, 한국에도 소개되어 바둑을 모르는 어린이들과 청소년들은 물론 바둑 매니아층인 성인들에게까지도 많은 사랑을 받아 왔다.

『고스트 바둑왕』은 일본을 넘어 여러 나라에서 출판되었고, 세계적으로 성공을 거두면서 바둑 인구 증가에 큰 영향을 끼쳤으며, 만화산업을 시작으로 애니메이션, 캐릭터, 게임, 바둑용품산업까지 확대되어 경제적 부가가치를 창출하였다. 또한 이러한 OSMU의 경제적 가치뿐만 아니라 만화 속에 일본의 정신, 일본의 문화를 함께 담아내어 전 세계 바둑팬들에게 사회·문화적 영향력을 끼쳤다는 점에서 큰 의의를 찾을 수 있다.

『고스트 바둑왕』의 성공 요인을 분석해 보면, 바둑의 리얼리티를 잘 살리면서도 판타지, 신화적 요소 등의 스토리텔링 전략을 도입하여 바둑의 깊이와 멋을 흥미롭게 표현해 넘으로써 바둑팬들 뿐만 아니라 대중들에게도 선풍적인 인기를 끄는 콘텐츠로 자리매김한 것이라 여겨진다.

따라서 한국도 이 같은 모델을 벤치마킹할 필요가 있다. 요즘 우리나라도 만화가 어린이들만의 것이라는 편견에서 벗어나 일본처럼 남녀노소가 쉽게 즐기는 매체로 인식하고 있는 추세에서, 바둑 이야기를 스토리텔링화하여 창작 소재로 활용하고 이를 다양한 문화콘텐츠로 발굴, 육성하게 된다면 세계 바둑시장을 리드해 나갈 수 있으며 고부가가치 창출을 기대할 수 있을 것이다.

일본의 바둑만화 『고스트 바둑왕』

(2) 강철수의 바둑만화

국내 바둑만화의 대표적인 작가 강철수는 『명인환속(名人還俗)』(1987), 『바둑스토리』(1988), 『新바둑스토리』(1994), 『바둑판은 넓고, 잡을 돌은 많다』(1995), 『내 청춘 만패불청』(1996) 등 다수의 바둑만화를 발표하여 바둑의 심오한 깊이와 기사들의 고뇌를 만화로 표현해 냈다.

먼저 강철수의 장편 바둑극화 『명인환속』은 바둑이 강해지고 싶은 열망을 지닌 한 청년이 국수(国手)를 뛰어넘는 초월적인 고수가 산속에 묻혀 살고 있다는 사실을 알고 그를 찾아 나서면서 이야기가 시작되는데, 설화적인 신비한 모티프를 차용하여 흥미롭게 스토리를 풀어 나간다.

또한 바둑극화의 고전(古典)이라 할 수 있는 강철수의 『바둑스토리』에서도 '여자 고수', '내기바둑' 등의 흥미로운 모티프를 활용하여 바둑의 예술성을 표현하고 있으며, 승부사적 운명이 겪어야만 할 처절한 생의 여정과 그것이 현실 속에서 지니고 있는 가치와 아름다움의 참 의미를 생생하게 그리고 있다.

1992년 '주간바둑신문'이 창간되면서 강철수는 『바둑판은 넓고, 잡을 돌은 많다』라는 장편 바둑만화의 연재를 시작했다. 대우그룹 김우중 회장의 베스트셀러 『세상은 넓고 할 일은 많다』에서 따온 제목이었다. 그러나 1995년 '주간바둑신문'의 휴간과 운명을 같이했던 이 만화는 1996년 '주간바둑361'의 탄생과 함께 『내 청춘 만패불청』으로 부활했다. 강철수의 만화에는 그의 분신처럼, '달호'라는 남자 주인공이 등장한다. 플레이보이 기질이 다분한 달호의 청춘 애정행각과 바둑을 믹스했던 『바둑판은 넓고, 잡을 돌은 많다』가 미완성으로 중도하차했던 것에 비해, 마치 영화 <레옹>처럼 달호가 바둑 천재 꼬마 소녀를 만나 내기바둑으로 승승장구한다는 스토리의 『내 청춘 만패불청』은 한동안 인기를 끌었지만, 당시 IMF의 한파를 견디지 못하고 달호가 결국 바둑에서 이긴 거액의 돈을 몽땅 꼬마 소녀에게 빼앗기는 것으로 황망히 막을 내렸다. 이렇듯 강철수는 20여 년 이상 꾸준히 바둑만화를 시도했지만 완결편은 없는 셈이었다.

강철수의 바둑만화는 일단 재미가 있다. 그의 만화가 대부분 내용은 별게 아님에도 불구하고 등장인물들의 재기 넘치는 대화로 독자를 사로잡듯, 그의 바둑만화도 그렇다. 무엇보다도 강철수 바둑만화의 결정적 장점은 극 중에 기보가 등장한다는 사실이다. 근·현대를 풍미했던 일본과 한국 프로고수들의 실전보, 그중에서도 묘수·기수들이 등장한다. 그런 기보들을 어떻게 수집하고 스크랩했는지, 또 어떻게 그렇게 재미있고 묘한 대목만을 발췌할 수 있었던 것인지 신기한 일이다. 그만큼 작가의 노력과 공력이 많이 들어갔다는 점은 부인할 수 없는 사실이다. 프로고수들이 실제로 두었던 묘수·기수들이 등장함으로써 강철수의 바둑만화는 현장감 전달과 분위기 묘사에 성공하며 자타가 공인하는 독보적 바둑만화 작가로 자리매김했다.

그러나 강철수의 바둑만화들은 내용의 참신성과 재미에도 불구하고 미완성 작품이 많다는 점, 또는 마케팅·홍보의 문제점으로 인해 대중들에게 널리 알려지는 콘텐츠가 되지 못하여 안타까움을 준다. 앞으로 이러한 만화를 원천 콘텐츠로 삼아 다양한 매체로 전환시키는 스토리텔링 방안도 고려해 봐야 할 것이다.

강철수의 바둑만화

(3) 바둑삼국지

바둑의 한류를 목적으로 바둑콘텐츠 개발에 시발점이 된 박기홍·김종서의 『바둑삼국지』는 실화를 바탕으로 하여 세계 최강의 자리를 놓고 싸우는 한·중·일 삼국의 치열한 반상(盤上)의 전쟁을 다루었다. 이 만화는 실제 바둑계의 최고수들이 정상을 차지하기 위해 벌였던 처절한 사투를 소재로 하여, 작가의 심오한 바둑세계를 기반으로 리얼하게 그려 냄으로써 한국 바둑사를 재조명했다는 데에 큰 의의를 지닌다. 『고스트 바둑왕』이 작가의 상상력에서 비롯된 가상의 인물을 주제로 꾸며진 이야기라면, 『바둑 삼국지』는 실화에 바탕을 두고 한·중·일 삼국을 대표하는 실제 기사들의 역사적 사건들로 구성되어 바둑의 역사와 한국 바둑이 세계 최강으로 우뚝 서는 과정을 감동의 파노라마로 그려 냈다.

그러나 일본의 바둑만화 『고스트 바둑왕』과 같은 성공을 거두지는 못했으며, 이는 지나치게 사실에 근거하여 스토리를 전개시킨 데에 요인이 있을 것으로 추정된다. 이러한 추세에서 기발한 상상력을 발휘하여 한국 고유의 바둑만화를 개발한다면 의미 있는 콘텐츠로 부각됨과 동시에 바둑의 한류를 주도하는 역할을 할 수 있을 것이다.

바둑삼국지

(4) 바둑만평

정치, 경제, 사회, 문화 전반의 시사적인 문제나 인물을 풍자하여 하나의 컷으로 그린 만화를 '만평' 혹은 '카툰(cartoon)'이라고 부른다. 경우에 따라 컷을 분할하기도 하는데, 우리나라에서는 한 칸 만화와 네 칸 만화가 카툰의 주요 형식을 이룬다.

바둑만평으로는 박수동의 <공배씨>, <만방 아저씨>가 유명하다. 박수동의 만화 연재는 한국을 대표하는 정통 바둑매거진 월간『바둑』의 장수 코너로, 1973년 4월 호부터 '공배씨'라는 제목으로 시작해 20여 년 동안 독자들의 배꼽을 간질여 주었고, 이어 '만방 아저씨'로 주인공을 바꿔 2006년 7월 호까지 약 30여 년 동안 연재했다. 1페이지 8컷 만화로 연재된 <만방 아저씨>는 위트 넘치는 내용으로 월간『바둑』독자들과 바둑팬들의 사랑을 듬뿍 받았다. 박수동 화백은 우리 동네 친근한 기원 아저씨 같은 '만방 아저씨'를 탄생시켜 오랜 세월 동안 바둑팬들을 즐겁게 해 주었을 뿐만 아니라 '박수동 주파수'를 통해 한 달간의 바둑계 이슈를 만화로 풍자해 바둑시사의 지평을 열기도 했다.

박수동 화백에 이어 2010년 1월부터 월간『바둑』의 만평과 바둑만화는 오성수 화백이 맡게 되었다. 스포츠 카툰 전문가인 오성수 만화가는 평소 바둑에 관한 깊은 이해와 지식을 바탕으로『흑백 비타민』이라는 제목의 6컷 바둑만화를 통해 바둑의 오묘한 세계를 생생하게 그려 내고 있으며, 바둑에 대한 독특한 상상력을 뽐내고 있다.

한편, 월간 『바둑』에서 만화가 강철수 씨도 1977년 4월 호부터 『기석유한(棋石遺恨)』
이라는 본격 만화를 상당 기간 연재해 독자들의 사랑을 받기도 했다.

2006년 7월 호 '만방아저씨'. 만화가 박수동 씨는 30여 년 동안
월간 『바둑』에 '공배씨', '만방아저씨', '박수동 주파수' 등을 연재했다

2) 바둑 소재의 만화

한편, 본격 바둑만화는 아니지만 바둑을 소재로 샐러리맨들의 애환을 그려 낸 작품인 윤태호 작가의 『미생』은 프로기사 지망생이었던 주인공이 입단에 실패한 후, '회사'라는 전혀 새로운 세계에 들어서면서 겪는 직장 생활의 에피소드를 '바둑'으로 풀어내 큰 성공을 거두었다. 2012년 1월 17일~2013년 8월 13일까지 '다음' 사이트에서 연재된 웹툰 (총 146화) 『미생』은 단행본으로도 출간되어 선풍적인 인기를 끌고 있으며, 2012년 대한민국콘텐츠대상 대통령상, 2012년 문화체육관광부 오늘의 우리만화상, 2013년 대한민국국회대상 올해의 만화상 등을 수상하였고, '직장 생활의 교본'으로 불리며 수많은 팬들을 확보하고 있다.

이 작품은 누구나 공감할 수 있는 '직장 생활'을 소재로 삼되, 평범하기에 자칫 지루해질 수 있는 회사 생활 이야기를 '바둑'을 통해 흥미롭게 전개시켰다는 점에 주목할 필요가 있다. 작가의 바둑에 대한 깊은 이해와 철학을 바탕으로 바둑 격언이나 잠언, 절정 고수들의 어록 등을 주인공의 상황과 매치시켜 표현하는 솜씨가 일품이며, 바둑을 전혀 모르는 이들에게도 바둑의 미학과 인생의 미학을 수읽기처럼 얽어 보여 주고, 바둑을 비유로 삶의 고통, 애환, 아름다움 등을 표현해 내는 작가의 능력이 탁월하다. 무엇보다 국내 최초로 바둑을 스토리텔링 전략으로 활용하여 많은 대중들에게 인기를 얻고 성공적인 문화콘텐츠로 자리매김했다는 데에 큰 의의가 있을 것이다.

『미생』은 대중들에게 선풍적인 인기를 끌면서 단편영화와 드라마로도 제작되고 있다. 먼저 2013년에 <미생 프리퀄(Incomplete life: Prequel)>이 제작되어 제17회 부천국제판타스틱영화제에 상영되었다. 프리퀄(Prequel)이란, 전편보다 시간상으로 앞선 이야기를 보여 주는 속편으로 본편의 이야기가 왜 그렇게 흘러가는지 설명하는 기능을 하며, 전편이 흥행해서 후편을 만들고자 할 때 만들어지기도 한다.

<미생 프리퀄>에서도 미생의 주요 등장인물에 대한 프리퀄을 소개하고 있다. 바둑에 대한 모든 습관을 지우고자 했던 입단 실패생 장그래, 늘 전학을 다녀야 했던 외로운 여고생 안영이, 오늘도 그저 뛰어야 하는 열혈대리 오 차장, 소개팅만 했다 하면 차이던 연애 쑥맥 김동식, 압박감에 짓눌렸던 고단한 취업 준비생 장백기, 아버지와 삼촌들의 사랑을 독차지했던 유치원생 한석율 등 웹툰 『미생』의 주요인물 여섯 명의 과거를 펼쳐 내고 있으며, 특히 주인공 장그래 편은 아파트 경비원 아저씨와의 '엘리베이터 바둑'이

라는 기발한 상상력이 돋보이는 작품으로 대중들의 가장 큰 호응을 얻었다.

또한 <미생>은 2014년 10월부터 tvN채널에서 드라마로 방영되고 있다. 드라마 <미생 -아직 살아 있지 못한 자>는 바둑이 인생의 모든 것이었던 장그래가 프로 입단에 실패한 후, 냉혹한 현실에 던져지면서 벌어지는 이야기를 드라마라는 장르의 속성에 맞게 재구성하여 생생히 그려 낼 예정이다.

이렇듯 <미생>은 웹툰을 원작으로 드라마와 영화로 제작되면서 바둑을 소재로 한 한국 콘텐츠의 대표적인 OSMU의 예로서 고부가가치를 창출하고 있다는 데에 큰 의의가 있다.

바둑을 소재로 한 만화 『미생』

 **학습활동**

▌ 활동 1 ▌ 고스트 바둑왕 분석　　　　　ACTIVITY

애니메이션 〈고스트 바둑왕〉을 감상한 후 성공 요인이 무엇인지 생각해 보고 이를 발표해 보자.

▌ 활동 2 ▌ 미생 감상하기　　　　　ACTIVITY

〈미생 프리퀄〉 혹은 〈미생 드라마〉를 감상하고 소감을 이야기해 보자. 각 장르별로 원작 웹툰을 어떻게 전환시켰는지 분석해 보고, 매체 전환에 따른 스토리텔링 전략에 대해 발표해 보자.

5. 바둑 영상콘텐츠

▌ 학습목표	1. 바둑 영상콘텐츠의 사례를 소개할 수 있다.
	2. 바둑영화를 감상하고 비평할 수 있다.
	3. 드라마와 시트콤에서 바둑이 차용된 사례들과 함께 그 의미를 설명할 수 있다.

학습내용

21세기 문화콘텐츠의 핵심은 영상미디어이다. 현대사회에서 우리는 언제 어디서나 다양한 영상콘텐츠를 접하고 있다. 이러한 미디어의 흐름에 따라 창작된 바둑 영상콘텐츠의 장르와 속성을 살펴보고, 각 장르별로 대표적인 바둑 영상콘텐츠에 대해 자세히 알아보자.

1) 바둑영화

(1) 스톤

조세래 감독의 <스톤>은 바둑을 소재로 한 국내 최초의 영화로서, 2014년 6월 개봉작이다. 이 작품은 바둑과 조폭이라는 극단의 장르를 결합해 이야기를 풀어내는 솜씨가 인상적이라는 평을 받고 있으며, 본격적으로 바둑을 다룬 최초의 영화라는 점에 큰 의의가 있다.

바둑판에 그려진 361개의 선택점 위에 인생의 희로애락을 그려 낸 조세래 감독의 데뷔작이자 유작인 <스톤>은 2013년 부산국제영화제 '한국영화의 오늘-비전' 부문과 스위스 로카르노영화제 신인감독경쟁 부문, 하와이국제영화제, 이탈리아 아시아티카영화제, 마라케시국제영화제 등에 초청되었으며, 2014년에도 프랑스 본 스릴러 영화제 등에 초청되는 등 이미 여러 차례 국내외 영화제에서 러브콜을 받으며 작품성과 진정성을 검증받았다.

국내 최초의 바둑영화 <스톤>의 포스터

부산국제영화제에서 영화를 관람한 한 관객은 '남자 주인공들을 보면서 꿈도 없고, 미래도 꿈꾸지 않는 현 시대의 청년들이 떠올랐다(네이버 hair****)'라며 '민수'와 '남해'의 모습을 현재와 연결시켰고, 로카르노국제영화제의 Ronan Doyle은 '바둑 게임이 진행되는 긴 시퀀스의 스릴을 완벽하게 담아냈다. 감동을 주는 깊이 있는 드라마와 즐거움을 주는 유머 코드 또한 놓치지 않았다'라고 평했다. 뿐만 아니라 SCREEN DAILY의 Dan Fainaru는 '바둑판 앞에 앉은 두 남자의 대결을 통해 바둑에 담긴 인생의 지혜를 전한다'라는 평과 함께 두 남자의 모습에서 아버지와 아들의 관계를 떠올리기도 했다. 또한 하와이국제영화제의 수석프로그래머 Anderson Le는 '오랜만에 접하는 가장 역동적인 데뷔작 중 하나다. 등장인물들이 삶의 길을 찾아 나가는 것을 바둑이라는 소재를 통해 기발하게 표현해 냈으며, 감독은 촘촘하게 이야기의 균형을 맞추면서 베테랑 배우들부터 신인 배우에 이르기까지 뛰어난 연기를 이끌어 냈다'라고 극찬했다.

바둑을 통한 두 남자의 만남으로 인생 아마추어들의 승부를 그려 낸 <스톤>은 바둑과 인생을 이야기하며 관객들에게 큰 울림을 선사한다. 은퇴를 꿈꾸는 조직 보스와 프로 입단에 실패한 아마추어 바둑 기사인 두 주인공이 선택의 기로에 서 있는 모습은 361개의 선택점 위에서 어떤 수를 둬야 할지 고민하는 바둑과 닮아 있다. 특히 자신의 선택에 따라 앞으로의 판도가 달라진다는 점에서도 바둑과 인생의 공통점을 발견할 수 있다.

하지만 <스톤>은 신중한 한 수를 둬야 한다는 메시지보다는, 선택 앞에서 두려워하지 말고 욕심과 부담을 '내려놓으라'고 관객들을 위로한다. 실패와 좌절을 거듭하며 진로를 고민하는 '민수'로 대표되는 젊은 세대와 은퇴를 앞둔 '남해'가 대변하는 쓸쓸한 중년 세대들에게 <스톤>은 앞날에 대한 두려움 가득한 한 수가 아닌, 현재 짊어진 상황들을 돌에 실어 내려놓음으로써 앞으로 나아가라고 격려하는 것이다.

특히 두 사람이 서로의 스승과 제자가 되어 인생과 바둑에 대해 논하는 장면들은, 끊임없는 선택의 기로에 서게 되는 인생에서 모두가 실수와 실패를 거듭하는 아마추어일 수밖에 없음을 암시하고, 이는 치열한 경쟁과 보이지 않는 계급으로 가득 찬 현대사회를 살아가는 이들에게 작지만 큰 위로가 되고 있다.

영화 <스톤>에서 주인공 남해와 민수가 대국하는 장면

제18회 부산국제영화제에서 진행된 <스톤>의 '관객과의 대화'에서 조세래 감독은 수척한 모습으로 관객을 마주했다. 암 투병 중에도 영화를 만들고 그의 영화를 선택한 관객들을 만나기 위해 부산을 방문했던 그였지만, 얼마 후 영화 <스톤>은 그의 감독 데뷔작이자 유작이 되었고, 늘 영화와 바둑에 대한 애착을 보였던 조세래 감독의 사연에 영화계와 바둑계는 큰 안타까움을 느꼈다.

바둑인들이 함께 만든 영화, 〈스톤〉

입단대회 촬영 장면을 위해 한국기원을 찾아준 '명지대 바둑학과' 학생들

국내 최초의 바둑을 소재로 한 영화인 〈스톤〉은 사실 알고 보면 바둑계 사람들이 함께 힘을 모아 만든 영화이다. 먼저 영화의 시나리오를 쓰고 연출을 맡은 조세래 감독은 바둑소설의 최고작이라 일컫는 〈역수〉와 〈승부〉의 작가로, 그의 바둑에 대한 애정은 남달랐다. 평생의 숙원이었던 바둑영화를 제작하고 안타깝게 생을 마감했던 그는 "내 소설엔 물처럼 흘러가는 사람들이 참 많았다. 시대가, 인물이 역사 속으로 흘러가듯이, 나도 물처럼 흘러가게 되겠지."라는 바둑고수, 인생고수가 던질 법한 말을 남긴 채, 그렇게 홀연히 세상을 떠났다. 한평생 바둑과 영화만을 사랑했던 그의 열정은 〈스톤〉이란 작품에 아낌없이 불살라졌다.

영화의 제작비를 기꺼이 투자한 '대주배'의 후원자 TM마린 김대욱 사장은 〈스톤〉의 탄생에 결정적 기여를 했다. 그의 바둑에 대한 사랑과 남다른 문화적 마인드가 없었다면 이 영화는 결코 제작되지 못했을 것이다.

그 밖에도 프로기사 김영삼 9단, 김남 훈初단, 조민수 아마7단, 강나연 아마6단 등이 선뜻 카메오 출연에 응하였고, 명지대 바둑학과 학생들과 대학바둑연맹 학생들이 입단대회 촬영 장면을 가득 메웠다. (재)한국기원과 바둑TV는 촬영 장소를 제공했다. 바둑 이벤트사인 클럽A7의 홍시범 사장은 여러 차례 촬영 장소 및 바둑용품을 대여해 주기도 했다. 이 외에도 많은 바둑인들이 영화의 제작부터 개봉에 이르기까지 크고 작은 도움을 주었다. 바둑을 사랑하는 순수한 마음들이 모였기에 가능한 일이었다.

영화 〈스톤〉은 국내 첫 바둑영화라는 타이틀과 함께 '바둑과 인생의 진정성을 담은 영화'로서 그 작품성을 인정받았다. 그리고 바둑인들이 함께 힘을 모아 만든 영화이기에 그 가치는 더욱 빛난다. 이 영화를 계기로, 대중들에게 더욱 사랑받는 바둑콘텐츠가 등장하기를 기대해 본다.

영화 〈스톤〉 기획, 강나연

영화 〈태양은 가득히〉의 알랭 들롱에 마음을 빼앗겼던 조세래 감독은 "영화가 누군가에게 이토록 놀라움을 줄 수 있는 것이라면, 나도 그 놀라움을 관객에게 전하고 싶다."고 마음먹고, 시나리오를 쓰는 것으로 영화 인생의 첫발을 디뎠다. <산산이 부서진 이름

이여>로 춘사영화제 각본상을, <하얀 전쟁>으로는 대종상 영화제 각색상을 연이어 수상한 조세래 감독은 국내 첫 바둑영화 <명인>을 야심차게 준비했지만, 캐스팅까지 진행됐던 영화는 여러 가지 이유로 제작이 무산됐다. 이후 영화계를 떠나, 바둑인과 문인들 사이에서 화제가 된 소설 『역수』를 집필하며 바둑에 대한 애정을 쏟아 내기도 했다. 『역수』의 개정판 『승부』가 출간된 지 10여 년 뒤인 2011년, 조세래 감독은 그가 오랫동안 꿈꾸었던, 바둑과 영화의 만남을 마침내 영화 <스톤>을 통해 이루어 냈다. 꿈을 버리지 않고 묵묵하게 앞으로 나아갔던 조세래 감독의 데뷔작이자 유작인 <스톤>은 이러한 조세래 감독의 정공법 인생을 닮아 바둑, 영화 그리고 인생에 대한 진정성을 전하며 영화적 재미와 함께 마음을 울리는 깊이 있는 영화로 남게 되었다.

(2) 신의 한 수

바둑영화 <스톤>이 상영된 후, 2014년 7월, 바둑을 소재로 삼은 또 한 편의 영화 <신의 한 수>가 개봉하여 화제가 되었다. 조범구 감독의 <신의 한 수>는 내기바둑의 세계와 범죄액션물이 만나 최고의 쾌감을 선사한 영화다. 오랜 전통을 자랑하며 점잖은 신사들의 스포츠로만 여겨졌던 바둑을 범죄액션 장르와 접목해 지금까지 우리가 몰랐던 내기바둑의 세계를 알려 준 영화이기도 하다. 서울 곳곳에 자리 잡은 골목길에 위치한 기원으로 진입하는 순간, 상상도 할 수 없었던 세계가 펼쳐진다. 최첨단 감시망과 수십억의 판돈이 오가는 그곳은 지금까지 신선놀음으로만 알고 있었던 바둑의 이면을 보여 준다.

화투, 포커 등 다양한 도박 게임보다 고도의 두뇌 싸움을 요구하는 것이 바둑이다. 그만큼 '바둑'은 현명함과 판단력이 필요한 최고의 두뇌 게임이기에 <신의 한 수>는 두뇌와 범죄, 액션의 완벽한 합을 자랑한다. 제작진은 대한민국 최고의 바둑 단체인 한국기원의 감수를 받아 리얼리티를 완성했다. 각 캐릭터들의 색깔에 맞게 바둑을 두는 손의 모양부터 돌을 만지는 모습, 그리고 영화 속에 등장하는 각종 바둑용어까지 한국기원의 손을 거쳐 탄생한 것이다. 배우들의 연기 또한 리얼리티를 살리기 위한 최고의 조합이었다. 단 45cm의 거리를 두고 상대방의 수를 읽는 꾼들의 노련함은 대한민국을 대표하는 배우들의 완벽한 눈빛 연기로 완성도를 더했다.

<신의 한 수>는 단 한 번의 명승부를 위해 목숨을 버릴 준비가 되어 있는 꾼들의 비장함에 무게를 실어 각자의 복수를 위해 끝을 향해 달려가는 진한 드라마를 선사한다. 최근 웹툰 '미생'이 드라마화되고, 바둑이 인생을 살아가는 데 있어 일종의 병법서처럼

인정받고 있는 등 다시 한 번 전 국민적인 관심을 받고 있는 바, 범죄액션 장르와 만난 <신의 한 수>는 관객들에게 새로운 액션 카타르시스를 안겨 주었다는 평을 받고 있다.

그러나 바둑계에서는 영화 <신의 한수>의 잔인한 폭력성을 비판하며, '살육·내기의 도구로만 바둑이 활용되어 '바둑영화'라는 문구가 무색할 정도'라는 부정적인 시각도 나오고 있다. 아래 내용은 조선일보 이홍렬 기자가 쓴 <바둑전문기자가 본 '신의 한 수'> 칼럼이다.

☞ **읽어보기**

바둑전문기자가 본 '신의 한 수'

손에 바둑돌만 쥔 '그냥 액션 영화'
살육·내기의 도구로만 바둑 활용돼, '바둑 영화'라는 문구가 무색할 정도

영화 '신의 한 수'를 보러 간 데는 호기심이 많이 작용했다. 바둑은 그동안 영화계로부터 자주 눈길을 받던 소재가 아니었기 때문이다. 워낙 다면(多面)적 얼굴을 지닌 장르여서 그랬는지도 모른다. 기도(棋道)로 부르며 숭상하는 전통과는 별도로 바둑은 예술·문화·스포츠 등 다양한 대접을 받는다. 10여 년 전엔 대학 캠퍼스에 상륙하면서 어엿한 학문으로도 자리 잡았다.

물론 바둑은 게임이기도 하다. 마음만 먹으면 도박의 수단도 된다는 뜻이다. 이처럼 다채로운 바둑의 모습을 어떤 방식으로 어떻게 그려냈을지에 대한 궁금증이 컸다. 영화를 보고 난 뒤의 느낌은 '흥행 문법에 최대한 충실하게 만들어진 오락 영화'쯤으로 정리된다. 적어도 '바둑 영화'란 문구는 어울리지 않는다는 게 핵심이다.

극영화가 수신(修身) 교과서일 필요는 당연히 없다. 드라마는 갈등과 파격이 요체이고 이를 살려내기 위해선 웬만한 충격 요소가 불가피하다. 다만 문제는 전편에 흐르는 잔혹하고 처절한 장면들이 '바둑 영화'의 전개 과정에서 얼마나 적실(適實)했느냐의 여부다. 어떻게든 잔혹함을 극대화하는 것이 목적이었다면 무대로 차용한 바둑에 대한 예의가 아니다.

(…중략…) 바둑계에서 바둑판과 바둑돌은 영화계의 카메라 이상으로 신성한 물건들이건만 살육의 도구로 동원되고 있다. 폭력과 복수란 주제를 살리는 데 꼭 이런 직설적, 엽기적 방법밖에 없었을까. '신의 한 수'에서 바둑을 화투·트럼프·마작 등 다른 어떤 것으로 대체해도 바로 그 장르 영화로 탈

바꿈이 가능하다. 유일하게 특화된 것이라면 맹기(盲棋·머릿속으로 바둑을 두는 것) 정도다. 하긴 주연 배우인 정우성 스스로 "이건 바둑 영화가 아니고 액션 영화"라고 이미 양심선언(?)을 한 상황이다. '신의 한 수'가 바둑 영화라고 끝까지 주장한다면 '소림사 시리즈'를 종교 영화로 강변하는 사람이 나와도 말리기 힘들어진다.

중국은 올가을 학기부터 바둑을 초등학교 정식 종목에 넣기로 했다. 창의적 사고 계발, 집중력 배양, 인내심 고취 등 교육적 가치를 높이 인정하면서 택한 정책이다. 각 학교는 바둑 특기자 선발 경쟁에 불이 붙었다. 지도자는 한국 방문 내내 바둑 이야기만 하다 갔다. 가위 '전 국민의 바둑화'로 향하는 분위기다. 우리나라 학부모 중 '신의 한 수'를 보고 나서 자녀에게 바둑을 가르쳐 보겠다고 마음먹을 숫자가 얼마나 될까.

진짜 '바둑 영화'를 보고 싶다. 칼 휘두르고 바둑돌로 면상 내려치지 않아도 바둑은 얼마든지 훌륭한 영화 소재가 될 수 있다. 미국 영화 '뷰티풀 마인드'만 해도 천재 수학자 존 내시의 지성(知性)을 상징하는 수단으로 바둑을 활용하고 있다. 바둑 하면 내기와 복수와 폭력만을 떠올리게 된 한국적 세태가 걱정스럽다. 영화를 그냥 영화로만 보지 못하는 내 죄가 큰 건지도 모른다.

이홍렬. 조선일보. 2014년 7월 9일.

(3) 기성 오청원

지금까지 국내에 소개된 해외 바둑영화로는 중국의 티엔주앙주앙 감독의 「기성 오청원(The Go Master, 2006)」이 유일하다. 이 영화는 '현대 바둑의 전설'로 불리는 실존 인물 '기성 오청원'의 일대기를 그린 전기 영화로, 2007년 제8회 전주국제영화제에서 상영되었으나 바둑 매니아층에게도 크게 주목받진 못했다. 실화를 바탕으로 전개한 이 영화는 오청원의 영웅적인 면을 부각시키기보다는 지나치게 소박하게 표현함으로써 바둑의 승부적인 측면이 거의 드러나지 않았다는 평을 받았다.

영화는 현재의 오청원(吳淸源) 선생에서 청년 오청원의 모습으로 전환되면서 시작한다. 일대기 영화지만 내용은 주로 1930년대~1950년대를 다루고 있다. 이 시기는 태평양전쟁, 2차 세계대전, 일본의 전후 부흥과 중국 사회주의 확립으로 동아시아 지역이 매우 격동적이었던 시기다. 이 시대 사람이면 누구나 마찬가지겠지만 오청원 선생 또한 보통 사람들이 경험하기 힘든 파란만장한 삶을 살았다.

영화에서 그리는 인간 오청원의 주제는 진리 탐구이다. 그리고 그 수단으로 종교와 바둑이 등장한다. 이 두 가지가 때로는 협력하고, 때로는 갈등을 빚어내며 그의 삶을 이끌어 간다. 사실 오청원 선생이 신앙을 갖게 된 종교는 사람들이 흔히 일컫는 사이비 종교였다. 하지만 자막으로 보여 주는 선생의 회고록에서는 "대혼란의 시대에 나에게는 신앙이 있었다. 그래서 나는 패배하지 않았다."라고 긍정적인 평가를 내리고 있다.

영화 「기성 오청원(The Go Master)」

　대혼란의 시대, 역사의 격동적 시대에 한 개인이 시대에 굴복하지 않고 자신의 소신을 지킬 수 있다는 것은 무척 어려운 일이다. 그렇다면 오청원의 인생은 성공한 삶이었다고 볼 수 있다. 이렇듯 격동의 시대에 패배하지 않고 소신을 지키며 승리하고자 하는 그의 집념이 영화 곳곳에서 배어 나온다.

　반면 바둑에 대한 부분은 다소 미흡하게 그려진 점이 아쉽게 느껴진다. 오청원의 바둑 스승인 세고에(瀬越憲作), 수많은 대국을 펼치고 신포석을 함께 연구한 기타니(木谷実), 마지막으로 본인방 십번기를 벌인 다카가와(高川格) 등이 등장하지만 바둑의 대결에 대한 부분은 거의 생략되고 인물에만 초점을 두고 있기 때문이다. 영화를 관람한 관객들의 반응도 바둑의 짜릿한 대결과 승부를 기대했었는데 그런 부분이 별로 없어서 아쉬웠다는 의견이 많았다.

　주인공의 연기력은 대체로 무난하며 절제된 연기가 돋보인다. 조금 트집을 잡자면 바둑돌을 판에 올려놓는 손놀림의 연기에서 어색한 부분이 있다. 수없이 연습을 했다고 하지만 역시 고수의 손놀림은 연습으로 되는 일이 아니다.

　물론 이런 장르의 전기영화는 출연 배우들의 연기력이 그다지 중요한 것은 아니다. 그래서인지 배우의 캐스팅에 있어서도 닮은 사람을 찾는 데에 주력한 듯 보이고, 실제로 배우가 등장하면 어떤 인물의 역을 맡았는지 대강 짐작할 수가 있다. 그런 면에서 연기력보다 역사적 인물의 리얼리티를 살리는 데는 상당히 성공을 거두었다고 할 수 있다.

　이 영화는 전체적으로 오청원이라는 한 인물이 격동의 시대에 신앙과 바둑을 통해 혼란을 극복해 내고 그 속에서 고뇌하며 자신과 싸워 나가는 과정을 그려 내고 있다. 하지만 바둑을 모르는 사람들에게는 이해하기 어려운 부분이 많아 보인다. 심지어는 바둑팬들이라 할지라도 영화의 줄거리를 따라잡기가 쉽지 않은 구성이다.

사실 전기영화는 전기에 비해 성공하기 어렵다는 속설이 있다. 전기에 대해 글로 표현하는 것은 수월하지만 영상으로 한 사람의 인생을 모두 전한다는 것은 매우 어렵기 때문이다. 이 영화 역시 그러한 속설을 어느 정도 보여 주었다. 전기영화의 성공 열쇠는 관객들이 주인공에 대한 사전 지식을 얼마나 가지고 있냐 하는 것인데, 이 영화는 골수 바둑인을 제외하고 기성 오청원에 대한 사전 지식이 전혀 없는 일반인들에게는 더욱더 낯설게 느껴질 것이다. 영화의 속성상 애초부터 폭발적인 관심을 기대하긴 어려웠겠지만 그런 부분에 좀 더 신경을 썼더라면 하는 아쉬움이 남는다.

또한 영상으로 투사된 삶을 보고 감동을 느끼기에는 인간 오청원의 영웅적인 면을 거의 드러내지 못하고 있다. 적어도 우리 바둑인들에게는 엄청난 영웅이라고 할 수 있는 기성 오청원을 너무 소박하게 그리고 있다. 이것이 감독의 겸손인지 영화 기술상의 문제인지는 생각해 볼 문제이다.

전기영화의 어려움을 감안하더라도 전체적인 구성에 있어서는 다소 실패한 듯 보인다. 하지만 이 영화가 상영되기 전, 바둑을 소재로 한 영화가 없었다는 점을 고려해 볼 때 이러한 영화가 발표되었다는 것은 그 자체로 큰 의의를 가지는 일이다. 다만 흥행을 목적으로 하는 상업영화가 아닌 예술영화에 가까운 작품이라 극장에서 개봉이 되진 못했다.

2) 바둑 드라마

(1) 맞수

국내의 경우, 지금까지 바둑을 소재로 한 드라마는 1994년 MBC에서 방영된 「맞수」가 유일하다. 당시 3·1절 특집극으로 제작되었던 이 드라마는 한국 바둑의 4인방으로 불리던 조훈현, 서봉수, 이창호, 유창혁 등을 실제 모델로 하여, 주인공으로 등장하는 조훈현 9단이 1989년 제1회 응창기배 대회에서 중국의 최고수 섭위평 9단에게 3:2로 역전승을 거두고 세계 첫 타이틀을 거머쥐는 실제적 사건을 다루고 있다.

드라마의 내용은 조훈현 9단이 섭위평에게 1 대 2로 밀리는 상황에서 시작되는데, 앞으로 2연승을 거둬야 타이틀을 차지할 수 있는 조훈현은 '윤서'라는 어느 처녀로부터 일본의 바둑 명문 '본인방가(本因坊家)'의 가보인 신비의 바둑판 하나를 선물로 받는다. 물위에 뜰 만큼 가볍다 하여 '부목반(浮木盤)'이라 불리는 수수께끼의 바둑판에 얽힌 비밀을 둘러싸고 한·일간 바둑史가 펼쳐지는데, 여기서 등장하는 '부목반'은 실제 일본의 바둑설화에 등장하는 바둑판으로, 일본 바둑 역사상 수백 년에 걸쳐 환상의 바둑판으로 화제를 뿌려 온 최고의 바둑판이다. 일본어로 '우키기노반(浮木之盤)'이라고 불리는 이 신비스러운 바둑판은 오늘날까지 1백여 년간 그 행방이 묘연하다. 신비의 부목반에 얽혀 있는 관련 인사들 가운데 가장 핵심적 역할을 했던 인물로 조선의 명사였던 김옥균이 거론되고 있으며, 사라진 부목반의 행방은 아직까지도 불가사의한 수수께끼로 남아있다.

최초의 바둑드라마 <맞수>

이 드라마에서는 실화를 바탕으로 사건을 전개하되, 바둑설화에 등장하는 신비의 바둑판 '부목반'을 소재로 차용함으로써 시청자들에게 흥미와 호기심을 자아내고 있다. 드라마의 제작을 맡았던 고석만 PD는 "픽션과 논픽션을 절묘하게 엮은 역동적 화면 구사와 스피디한 전개를 통해 바둑이 갖는 외형적 지루함을 극복하고 361路의 바둑판에서 이뤄지는 치열한 내면세계를 부각시킬 것"이라고 말하며 신비한 전설의 도입을 간접적으로 언급하기도 했다.

최초의 바둑드라마였던 <맞수>에서의 바둑설화와 관련된 소재의 차용은 실제적 사건을 다룬 드라마에 '환상성'을 부여함으로써 자칫 지루해질 수 있는 줄거리에 신비감을 조성하고 흥미를 유발시켰으며, 드라마에서 바둑설화가 차용된 실제적 모델로서 바둑설화의 스토리텔링 가능성을 보여 주었다는 데에 의의가 있다.

(2) 드라마의 바둑 차용

'바둑'은 예로부터 전해져 내려오는 우리 민족의 전통문화로서, 역사 드라마인 사극에서도 바둑과 관련된 장면들이 종종 등장한다. 공중파 드라마에서 바둑이 차용된 대표적 사례들을 살펴보기로 하자.

① 천추태후(KBS)

<천추태후>는 태조 왕건의 손녀이자 고려 5대 경종의 왕후인 여걸 천추태후가 강감찬, 서희 등과 고구려의 옛 영토를 되찾기 위해 거란과 맞서 나가는 과정을 흥미진진하게 그려 낸 드라마이다.

바둑 두는 장면은 왕욱(김호진)과 황보설(신애-아역 박은빈)의 대화에서 처음 시작된다. 다음은 KBS 사극 <천추태후> 제4회에 나오는 대사이다.

<천추태후>의 바둑 관련 대사

왕욱이 설과 바둑판을 마주하고 앉아 있다. 바둑을 두고 있는 듯하지만 설의 관심은 온통 왕욱에게 쏠려 있을 뿐이다. 왕욱이 한 번 두고 나면 설은 바둑돌을 든 채 재잘거리기에만 바쁘다.

왕욱: 그 바둑돌은 언제나 되어야 내려놓을 것이냐?

황보설, 당황하여 바둑판을 살피다가 대충 바둑돌을 내려놓는다. 왕욱, 다시 바둑판 보는데.

황보설: 그리 다니시면 댁에… 군부인께서 근심이 크시겠네요?
왕욱: 우리 작은 공주님께서 바둑에 집중을 못하시는 것이 밤이 너무 깊었나 보구나. 그만 일어나자.
황보설: 아니, 아니예요. 바둑 잘 둘 수 있습니다. 이렇게… 어, 어디다 두셨죠?

[천추태후 제4회 대본에서]

황보설: 언니는 어떤 사람과 혼인을 하고 싶어?
황보수: 갑자기 무슨 소리야?
황보설: 말해봐. 어떤 사람하고 혼인하고 싶어?
황보수: 음… 광개토 대제. 그분같이 이 세상을 다 품을 수 있는 남자와 일생을 함께할 것이다. 너는?
황보설: 나는 함께 이 세상 아름다운 곳을 주유할 수 있는 분과 혼인하고 싶어.
　　　그리고, 그리고, 음율을 아는 분이면 더 좋겠구….
　　　그리구 **바둑을 아주 잘 두는 분**이 좋아.

[천추태후 제4회 대본에서]

위의 대사는 <천추태후> 제4회에서 황보수, 황보설 두 자매가 '혼인하고 싶은 남자'에 관해 대화를 나누는 장면이다. 동생인 황보설의 마지막 대사에서 바둑을 잘 두는지의 여부가 혼인을 결정할 때 중요하게 고려되고 있음을 알 수 있는데, 이는 황보설이 풍류와 낭만을 중요시하는 성격임을 나타내 주고 있다.

훗날 황보설은 실제로 바둑을 잘 두고, 정치와 권력에 관심을 두기보다는 운치와 멋을 즐기는 왕욱과 혼사를 치르게 되는데, 이는 바둑이 지니고 있는 '풍류(風流) 사상'이 드라마에서도 반영되고 있음을 알 수 있는 대목이다. 풍류란 '멋스럽고 풍치가 있는 일. 예술성·심미성을 지향하며 노는 것'을 뜻한다. 우리 조상들, 특히 조선시대의 선비들은 풍진 세상의 걱정을 잊고 심신을 쉬게 하기 위한 취미로 바둑을 두어 왔다. 그 예로 바둑설화에는 속세를 등지고 깊은 산속에 숨어 살며 바둑으로 소일하는 신선과 같은 은자들의 이야기가 흔히 등장하는데, 이는 바둑이 '풍류 사상'을 담고 있음을 나타낸다.

바둑은 일찍이 삼국시대 이전부터 한반도에 전래되어, 금기서화(琴棋書画)의 네 가지 예(芸)의 하나로서 오랜 세월 동안 우리 민족에게 가장 격조 있고 고상한 놀이로 여겨져 왔다. 그리하여 벼슬에서 물러나 산속에 은거한 '상산사호(常山四皓)'와 같은 성인(聖人)들을 설화에서는 바둑 두는 노인 혹은 신선으로 묘사하고 있는 것이다. 천추태후에 등장하는 왕욱이란 인물은 어지러운 세상을 피하고 이리저리 떠돌아 다니며 풍류를 즐긴다.

드라마 <천추태후>, 왕욱과 황보설의 대국 장면

이러한 인물이 바둑을 즐겨 둔다는 것은 바둑이 예술성·심미성을 지닌 멋스럽고 풍치 있는 놀이이며, 한국의 풍류 사상이 담긴 숭고하고 아름다운 문화임을 나타내 주고 있는 것이라 해석할 수 있다.

② 불멸의 이순신(KBS)

KBS 드라마 <불멸의 이순신>에서도 서애 유성룡(柳成竜) 대감이 바둑을 두고 있는 장면이 등장한다. 유성룡은 바둑설화 <유성룡과 이여송>에 등장하는 인물로, 선조 시대의 유명한 재상이며 임진왜란 때 권율(権慄), 이순신(李舜臣) 등 명장을 천거하여 국난을 극복했다. 서애는 또한 바둑 실력이 국수(国手)급이었다고 전해지며, 일설에 의하면 우리나라 고유의 순장(巡将)바둑이 서애로부터 시작되었다고 한다.

<불멸의 이순신>의 바둑 관련 대사

> **35. 성룡집 사랑(밤/현실)**
>
> 바둑판 앞에 앉아 있는 성룡..
> 마음을 가라앉히려는 듯 한 점 한 점 공들여 두고 있다.
> 그러다 어느 순간 손길을 멈추는 성룡..
> 그 손은 그저 통속의 바둑알에 머물러 있을 뿐이다.
> 복잡한 표정으로 바둑판을 내려다보는 성룡.
> 이윽고 한 점을 어딘가에 둔다..
> 우루루 백돌을 집어내는 성룡..
>
> 성룡: (천천히)사소취대라… 결국 버려야 하는가…
> 점점 굳은 표정이 되는 성룡. 결심이 선 듯 입술을 지그시 문다.

<불멸의 이순신> 유성룡의 바둑 두는 장면

위의 대사는 <불멸의 이순신> 제40회에서 유성룡이 바둑을 통해 '사소취대(捨小取大)'의 교훈을 깨닫게 되는 의미심장한 장면을 묘사하고 있다. '사소취대(捨小取大)'란 바둑을 둘 때 명심하고 지켜야 할 열 가지 요결(要訣)인 ≪위기십결(圍棋十訣)≫의 다섯 번째 요결(要訣)로서, 바둑에서 작은 이득을 탐내면 큰 이득을 놓치는 법이므로 '작은 것을 버리고 큰 것을 취하라'는 내용이다.

③ 동이(MBC)

<동이> 숙종과 장희빈의 바둑 두는 장면

위의 장면은 MBC 드라마 <동이> 제8회에서 숙종 임금(지진희)과 희빈 장씨(이소연)가 바둑을 두고 있는 장면이다. 이 대국에서 희빈은 숙종에게 '환격(還擊)' 수를 두라고 훈수하면서 "바둑이란 오묘해서 그 뜻이 세상의 이치와 닿아 있다."는 의미심장한 말로 숙종의 정치에 관여한다.

이렇듯 정통 사극에서 바둑과 관련된 장면들이 자주 등장하고 있는데, 여기에서 그치지 말고 바둑을 보다 적극적으로 활용하여 스토리적인 요소를 추가한다면 시청자들에게 더욱 흥미를 줄 수 있을 것이다.

최근 한류 열풍과 함께 한국 드라마가 인기를 얻고 있지만, 소재의 진부함과 스토리의 식상함으로 인해 새롭고 신선한 이야기를 기대하는 시청자들의 욕구는 채워 주지 못하고 있는 실정이다. 상투적인 멜로드라마에 식상해 있는 시청자들에게 아름답고 오묘한 바둑의 세계를 드라마 속에 펼쳐 보이며, 흑과 백의 뜨거운 진검승부를 통해 승부의 세계가 주는 짜릿한 긴장감을 맛보게 한다면, 바둑이 드라마의 성공적인 소재로 부각됨과 동시에 새로운 차원으로서의 한류의 장을 열 수 있을 것이다.

한편, 2014년 10월부터 tvN채널에서 바둑 소재의 만화 <미생>을 원작으로 한 드라마가 방영되고 있다. 드라마 <미생-아직 살아 있지 못한 자>는 바둑이 인생의 모든 것이었던 주인공 '장그래'가 프로입단에 실패한 후 냉혹한 현실에 던져지면서 벌어지는 이야기를 그려내고 있으며, 대중들의 큰 호응을 얻고 있다. 드라마 <미생>을 계기로, 앞으로 대중들에게 더 친근하게 다가갈 수 있는 많은 바둑콘텐츠가 탄생할 수 있기를 기대해 본다.

(3) 시트콤의 바둑 차용

최근 방송에서 주목받고 있는 장르인 시트콤에서도 바둑 소재가 활용되고 있어 눈길을 끈다. 다음은 '하이킥 시리즈'에 등장하는 바둑과 관련된 장면들이다.

시트콤 <거침없이 하이킥>의 대국 장면

MBC 시트콤 <거침없이 하이킥>에서 이순재는 한 집안의 가장이다. 그는 우리가 흔히 볼 수 있는 아버지, 할아버지들과 같이 권위주의적이며 가부장적인 면모를 어느 정도 지니고 있다. 그런 그가 동년배 친구들과 유대감을 형성하는 도구로 바둑이 등장한다. 이는 바둑이 노년층을 대표하는 한 가지 문화임을 나타내 준다.

또한 그의 아들 이민용과 바둑을 두며 소통을 위한 노력을 보이기도 하는데, 여기서 바둑은 세대 차이를 극복하는 소통의 매개체 역할을 한다. 이는 시트콤에서의 바둑화소가 '우정, 가족애' 등을 형성하는 소통의 도구로 기능하고 있다는 점을 나타낸다. 즉, 현대인들에게 바둑은 '종합적 의사소통의 채널'로서의 역할을 수행하며, '소통의 도구, 우정의 가교' 등으로 기능하고 있다는 점에 주목할 필요가 있다.

또한 <거침없이 하이킥>의 후속작인 <지붕 뚫고 하이킥> 제17화에서는 바둑이 등장인물의 천재성을 보여 주는 수단으로 나타나고 있다. 다음은 그와 관련된 대사이다.

시트콤 <지붕 뚫고 하이킥>의 바둑 관련 대사

(장면/2 거실)

지훈, 순재랑 바둑 두고 있다. 순재가 고심 끝에 한 수를 두면 한 손으로 책을 보던 지훈, 쓱 보고는 다시 한 수를 둔다. 다시 장고에 빠지는 순재.
방에서 나오던 보석, 지훈과 순재를 보며 다가와 앉는다.

보석: (바둑판 쓱 보고는) 처남이 백이야? 흑이 이거…. 다 죽었네.
순재: (버럭) 씨끄러. 바둑도 드럽게 못 두는 놈이 말이 많아. (괴로워하며 생각) 아…
지훈: (책 보다 힐끔 보며) 안 두세요?
순재: 잠깐만… 아…(생각하다 두는)
지훈: (순재가 두자마자 두는) 그럼 다 죽죠.
보석: (그런 수가?)아…
순재: 아…(무너지며 바둑판을 흐트러뜨리는) 졌어, 졌어.
지훈: (바둑알 확 쓸고는 첫수부터 놓으며) 왜 지신지 아세요? 포석부터 손해를 너무 많이 보셨어요. (하면서 바둑돌을 척척 놓는)
보석: (감탄한 표정) 와… 처남… 이걸 다 외우면서 둔 거야? 아니, 어떻게……?
지훈: (대수롭지 않게 놓으며) 외웠다기보단… 둔 거니까 알죠.
보석: 아니, 어떻게… 상대방 둔 거까지… 책 보면서… 와…(지훈을 놀라 바라본다)
보석, 지훈을 바라보는데 갑자기 밝은 빛이 나면서 보석, 눈을 찡그린다.
지훈의 머리 뒤로 성인들처럼 하얀 빛의 광채가 보인다.

시트콤 <지붕 뚫고 하이킥>의 대국 장면

앞의 대사에서 나타나듯이, 바둑은 이지훈이라는 인물의 엘리트적인 이미지를 부각시키는 역할을 한다. 그는 책을 보면서 대충 바둑을 두었는데도 복기(复棋)를 통하여 아버지가 왜 졌는지를 설명한다. 등장인물의 지적인 캐릭터를 돋보이게 하기 위하여 두뇌 게임인 '바둑'을 차용하고 있는 것이다. 또한 아버지와 성인이 된 아들이 바둑을 두고 있는 장면에서 바둑은 세대를 이어 주는 매개체로서 공감과 소통의 역할을 하고 있다.

이렇듯 다양한 연령층의 시청자를 확보하고 있는 시트콤에서도 '바둑'이라는 소재가 즐겨 쓰이고 있는데, 여기에 우리가 보유하고 있는 풍부한 바둑 이야기들을 첨가시킨다면 바둑의 매력을 대중들에게 알리고 흥미를 배가시킬 수 있는 방안이 될 것이다.

 학습활동

▌ 활동 1 ▌ 바둑영화의 장단점　　　　　ACTIVITY

바둑을 소재로 한 영화 〈스톤〉, 〈기성 오청원〉 등을 감상하고, 각 영화의 장점과 단점이 무엇인지 생각하여 이를 발표해 보자.

▌ 활동 2 ▌ 바둑 드라마의 장단점　　　　ACTIVITY

바둑을 소재로 한 드라마 〈맞수〉, 〈미생〉 등을 감상하고, 각 드라마의 장점과 단점이 무엇인지 생각하여 이를 발표해 보자.

6. 바둑 에듀테인먼트

▌학습목표	1. 에듀테인먼트의 개념과 필요성을 설명할 수 있다. 2. 바둑 에듀테인먼트의 종류와 특징을 설명할 수 있다. 3. 바둑교육의 스토리텔링에 대한 중요성을 인지하고 교수 방안을 제시할 수 있다.

학습내용

최근 스토리텔링의 중요성이 부각되면서 교육 분야에서도 스토리텔링을 활용한 교수 방안과 교육콘텐츠가 확대되고 있다. 놀면서 공부한다는 새로운 방식의 교육콘텐츠인 '에듀테인먼트'의 개념을 알아보고, 바둑교육에서 에듀테인먼트의 중요성과 활용도를 살펴보자.

1) 에듀테인먼트 스토리텔링

에듀테인먼트는 교육(education)과 오락(entertainment)의 합성어로, '교육적인 내용을 놀이의 기능을 지닌 매체를 통하여 배우는 행위'를 말한다. 또한 정보통신용어사전에서는 "에듀테인먼트란 교육용 소프트웨어에 놀이를 가미하여 게임하듯이 즐기면서 학습하는 방법이나 프로그램"이라고 정의하고 있다. 일반적으로 멀티미디어 영상을 바탕으로 한 입체적인 대화형 오락을 통해 학습 효과를 노리는 소프트웨어를 가리키는 것이 에듀테인먼트인 것이다. 종합해 보면 에듀테인먼트는 즐기면서 학습할 수 있는 소프트웨어와 웹사이트를 통칭하는 개념으로 볼 수 있다.

에듀테인먼트가 궁극적으로 추구하는 목표는 교육이다. 그러나 에듀테인먼트의 목적이 교육에 있다 하더라도 교육이 겉으로 드러나서는 안 된다. 즉, 에듀테인먼트가 궁극적으로 추구하는 이면적인 목적은 교육이지만, 에듀테인먼트가 표방하는 표면적인 목적은 오락이어야 한다. 다시 말해 에듀테인먼트는 매우 재미있고 매혹적이며 흥미로 가득차 있어야 한다. 학습자의 필요에 의해 지식을 배우는 자기주도형 학습이 즐겁고 재미있도록 만들어 주는 것, 그것이 바로 에듀테인먼트의 역할이다.

에듀테인먼트의 오락적 역할을 고려하게 되었을 때 가장 우선적으로 생각해야 할 요소는 바로 스토리텔링이다. 스토리텔링은 학습자에게 정보의 습득을 강요하지 않으며 흥미를 줄 수 있다는 점에서 부각되고 있다. 스토리를 통하면 복잡한 개념을 쉽게 전달할 수 있고, 정보의 전달 역시 효과적일 수 있다는 장점이 있으며, 이를 통해 학습의 효과를 배가시킬 수 있기 때문이다. 스토리는 그 자체가 오락적 기능을 지니고 있기 때문에 학습이 강요가 아니라 유혹으로 다가오게 만들며, 학습자들은 흥미와 재미를 느끼면서 자연스럽게 정보를 습득하게 되는 효과를 누리게 된다.

『마법천자문』은 초등학생들을 대상으로 한문 교육을 위해 개발된 책으로, 판매 1,000만 부를 돌파한 에듀테인먼트의 대표적인 성공 사례로 손꼽힌다. 『마법천자문』은 한자를 익히기 위한 방법으로 단순히 한자를 쓰고 외우는 방법을 피했다. 대신 한자의 의미가 만들어지는 과정에 '서유기'를 모태로 한 스토리텔링을 전개하고 그 위에 어린이들이 선호하는 '마법'을 활용함으로써 어린이들의 감성을 자극하여 엄청난 호응을 얻게 된 것이다.

에듀테인먼트의 대표적 성공 사례: <마법 천자문>
(죄부터 TV프로그램, 영화, 만화, 공연의 마법천자문 활용 사례)

상형문자인 한자의 속성을 적극 활용하여 스토리 라인을 구성하고, 여기에 걸맞은 한자를 배열하는 방법은 어린이들에게 재미와 흥미를 유발하였다. 여기에 한 권당 20자의 한자를 익히고 이를 20회씩 반복시키는 학습 훈련은 어린이들의 선천적인 욕구를 정확하게 반영한 것이었다. 또한 『마법천자문』은 만화, 영화, 방송, 게임, 공연 등으로 다양하게 활용되면서 OSMU의 성공적 사례로도 손꼽히고 있다.

『점프 스타트』를 만든 다이애나 프레이는 "어린이들은 많이 반복하는 것을 좋아한다.”고 말했다. 또한 그녀는 “어린이들이 무언가 성취했을 때 얼굴에 나타난 자부심과 기쁨을 볼 수 있으며, 어린이들은 그것이 재미있다고 생각한다.”고 언급했다. 『마법천자문』은 이러한 어린이들의 심리와 속성을 잘 고려하여 콘텐츠를 구성함으로써 어린이들의 공감을 불러일으키는 데에 성공한 것이다.

2) 바둑 에듀테인먼트 사례

놀이는 상상력과 창조의 원천으로 두뇌를 발달시키고 창조성을 길러 준다. 현대사회에서 바둑은 심오한 놀이, 위락, 예도적인 측면이 중시되었던 과거와는 달리, 게임의 차원을 넘어 바둑이 가져다주는 효용적인 측면에 더 많은 관심이 집중되고 있다. 특히 21세기 지식기반사회는 교육의 영역에서도 창의적이고 자기주도적인 학습 능력이 요구되는 사회로, 새로운 변화로서의 ‘교육콘텐츠’를 요구하고 있다.

㈜킹스필드의 사내 벤처팀인 킹스바둑은 BQ서비스를 바탕으로 바둑지도사들이 바둑교육을 통해 창의적인 인재를 양성할 수 있도록 도움을 주고자 만들어진 바둑교육 지원 사이트이다. 바둑지수를 뜻하는 BQ(Baduk Quotient)는 바둑에 필요한 실전능력(30점), 문제풀이(40점), 인성 및 태도(20점), 출석(10점) 등 바둑 학습자에게서 보이는 4가지 항목을 수치화해서 종합하여 나타낸 것으로, 100점 만점 기준에서 75점 이상 되면 다음 학습 단계로 올라갈 수 있다. 이 서비스는 ‘정보통신부 2007 디지털콘텐츠 대상 교육콘텐츠 부문’ 대상과 한국경제신문이 주최한 ‘제6회 대한민국 교육브랜드 대상 바둑교육 부분 대상’ 수상으로 이미 효용성을 인정받았다.

명지대학교 바둑학과 정수현 교수와의 산학 협력을 통해 탄생된 세계 최초의 바둑교육 평가 시스템인 킹스바둑은, 디지털화된 형태로 구성된 2만 개의 바둑문제 데이터베이스를 기반으로 공간 지각력, 수리적 사고, 논리적 사고, 가치 판단력 등 바둑지능 영역의 4요소를 평가할 수 있도록 분류·분석되었다.

킹스바둑

바둑지능 영역의 4요소는 공간 지각력(정석, 맥 등 바둑 수의 구성 형태를 배우는 과
정에서 습득할 수 있는 직관적 형태 인식 능력), 수리적 사고(바둑을 둘 때 기초적인 수
상전이나 집계산, 단순 수읽기 과정 등을 통해 자연스럽게 습득되는 능력), 논리적 사고
(원인과 결과에 대한 상관관계를 이해하고 대상물이 상호 영향을 미치는 순서를 이해함
으로써 문제에 대해 해답을 찾는 능력), 가치 판단력(지식과 지능을 바탕으로 사물을 직
관적으로 평가하여 상위 가치와 하위 가치를 비교 판단할 수 있는 고차원의 능력)으로
구성되어 있다. BQ서비스에서는 BQ문제풀이를 통해 수집된 지능 발달 4요소 점수의
평균값을 산출하여 각 급수별 바둑지능 성장지수(BIQ: Baduk Intelligence Quotient)를
측정하게 된다.

킹스바둑은 전문학원, 초등학교 특기 적성, 기타 교육기관에 체계적인 바둑교육 시스
템을 제공하고 있으며, 원리 중심의 창의적 바둑이론을 개발하고 있다. 또한 교육 진도
에 따른 차별화된 콘텐츠로서 매월 학습 능력 평가 및 정확한 기력 진단을 제공하고 있
으며, 학원생 관리 프로그램과 가정통신문 발송 관련 자료도 제공하고 있다. 이러한 킹
스바둑의 교육콘텐츠는 바둑의 교육적인 가치 재발견 및 가치에 부합하는 신개념 교육
시스템 제공과 바둑교육 현장의 교육 서비스 보조 지원, 그리고 바둑교육 효과성에 관한
구체적 연구라는 의의를 지니고 있다.

킹스바둑과 제휴사인 '키즈바둑'은 지식 기반 협업 솔루션 전문기업 (주)나온 소프트
가 만든 바둑학습의 어린이 영재교육 프로그램이다. 유아·어린이를 대상으로 온라인을
통한 수준별 맞춤형 바둑학습 강의를 제공하는 국내 최초 온라인 어린이 전문 바둑 교
실로, 국내 유명 프로기사가 직접 교재 집필 및 강의에 참여하여 맞춤 강의를 한다.

키즈바둑

  키즈바둑은 1단계 프로기사의 온라인 맞춤강의, 2단계 대국실 내에서 생방송 실전강의, 3단계 선생님과 1:1 지도대국, 4단계 수준별 맞춤 묘수풀이, 5단계 어린이 바둑대국, 6단계 과정별 승급·승단 심사의 총 여섯 단계 학습 체계로 운영되고 있다. 홈페이지는 '바둑 배우기, 학습 현황, 키바 특강, 바둑 놀이터, 우리끼리, 캐릭터몰, 아이엘리트'로 구성되어 있다. 학습자는 바둑 강의와 문제풀이, 1:1 지도대국 등을 통하여 바둑을 학습하며 체계적으로 관리되고 있는 학습 현황을 통해 개인 정보와 BQ지수, 문제 풀이, 성장지수, 지도 현황, 학습 달력 등을 조회할 수 있다. 특히 20편으로 제작된 애니메이션 '만화로 배우는 바둑', '동화로 배우는 바둑' 등을 통해 처음 바둑을 배우는 어린이도 자연스럽게 흥미를 가질 수 있도록 쉽고 재미있게 기획하였다.

동화로 배우는 바둑

키즈바둑 홈페이지(http://www.kidsbaduk.com)

바둑교재・바둑서적・바둑용품 등을 개발하는 바둑전문출판사 '현현각 양지'의 제휴 사이트인 '조이스쿨'에서도 '씽크탱크 바둑', '애니메이션 바둑', '바둑만화', '바둑노래' 등의 동영상 강의를 통해 어린이들이 알기 쉽고 재미있게 바둑을 배울 수 있도록 다양 한 에듀테인먼트 콘텐츠를 제공하고 있다. 특히 현현각 양지에서 제작한 <바둑나라 대 모험> 애니메이션 강의는 아이들이 좋아하는 '모험 이야기'를 바둑과 접목시켜 학습자 들의 흥미를 불러일으켰으며, 탄탄한 구성과 커리큘럼으로 재미와 바둑 지식이 조화를 이루고 있는 대표적인 에듀테인먼트로 꼽힌다.

<조이스쿨>의 다양한 바둑교육 콘텐츠

　한편, 바둑 에듀테인먼트 서적의 대표적인 예로는 어린이용 바둑교재인 <카론의 바둑 대탐험>을 들 수 있다. 이 콘텐츠는 총 5권의 시리즈로 구성되어 있으며, 바둑의 기본 개념과 원리를 만화의 재미와 더불어 이해하기 쉽게 정리하여 바둑을 딱딱하고 어렵게만 생각하던 어린이들에게 바둑의 흥미를 유발시킨 바둑학습 만화이다. <카론의 바둑 대탐험>은 주인공 카론과 그 친구들이 바둑나라에서 벌이는 모험 이야기를 토대로 바둑의 개념을 담아내고 있어, 만화를 읽다 보면 바둑의 원리를 자연스레 익히게 된다.

　<카론의 바둑 대탐험>은 자칫 지루해질 수 있는 바둑학습에 스토리텔링적 요소를 도입하여 어린이들의 흥미를 유발시킨 교육콘텐츠라는 점에 의의가 있다. 그러나 내용의 구성에 있어 카론의 탐험 이야기에 바둑의 기술적 부분이 자연스럽게 융해되었다기보다는 스토리와 바둑학습이 따로 떨어져 있다는 느낌을 주는 점이 아쉽다. 그럼에도 불구하

고 <카론의 바둑 대탐험>과 같은 콘텐츠는 스토리 작가가 새로운 이야기를 창작하여 어린이들이 바둑을 재미있고 알기 쉽게 배울 수 있도록 만든 교재라는 데에 큰 의의가 있으며, 앞으로 이러한 바둑교재가 더욱 필요할 것으로 보인다.

바둑은 두뇌 계발과 인성 발달, 정신 건강에 효과가 있어 교육적 가치를 지닌다. 바둑은 취미와 게임의 차원을 넘어 어린이의 정신적 교육에서부터 노인의 건강 유지까지 다양한 교육적 효과와 가치를 지니고 있는 콘텐츠이다. 이러한 바둑의 속성을 고려하여 오락성과 교육성을 담고 있는 교육 콘텐츠로 개발한다면 바둑을 놀이로 즐기는 동시에 창의력과 지능을 높이는 교육물로 활용할 수 있을 것이다. 실제로 키즈바둑, 브레인업바둑, 킹스바둑 등에서 바둑 에듀테인먼트 콘텐츠를 통해 오락과 교육을 결합한 바둑교육이 진행되었으나 아직까지 큰 성과를 거두진 못하였다.

이러한 추세에서 바둑이 지니고 있는 매력적인 요소들을 스토리텔링을 접목하여 바둑을 배우고자 하는 학습자들의 연령층에 맞게 콘텐츠화시킨다면 유력한 바둑 에듀테인먼트가 개발될 수 있을 것이며, 해외 바둑 보급이 원활화되고 있는 현 시점에서 서양인들을 대상으로 한 콘텐츠를 개발한다면 세계시장의 수출도 가능할 것이다.

한편, 바둑전문사이트 사이버오로에서 개발한 본격적인 바둑 에듀테인먼트 '바둑토피아'가 2014년 후반기에 오픈할 예정이어 간략히 소개하고자 한다. 바둑토피아는 일선 교육 현장의 전문 강사들과 연구원들이 참여해 완성한 바둑 교육 과정을 어린이 눈높이에 맞춘 1:1 대화형 동영상으로 풀어 가는 신개념 학습 서비스이다. 바둑 전문가들이 가진 노하우를 바탕으로 플래시 강의, 문제 풀이, 입문·초급자 전용 대국실, 학습 관리 시스템을 구축해 어린이들이 바둑을 쉽고 재미있게 배울 수 있도록 구성하였다.

바둑토피아의 장점은 첫째, 스토리 라인을 따라 이어지는 재미있는 동영상을 보면서 쉽게 바둑을 배울 수 있고, 둘째, 다양한 캐릭터의 주인공들과 함께 문제를 풀면서 실력을 향상시킨다는 점을 꼽을 수 있다. 동영상 강의 240강, 응답형 문제 10,000개의 체계화된 학습을 통해 30급부터 9급까지 단계별로 실력을 완성해 간다. 전 강의는 플래시로 제작됐으며, 각 강의마다 귀여운 캐릭터와 흥미진진한 스토리로 어린이들이 자연스럽게 바둑을 배울 수 있도록 구성되었다. '아바타'를 도입하여 어린이들이 문제를 풀어 획득한 '하트'를 통해 아바타를 꾸며 가는 재미를 주는 것도 학습자들의 동기부여를 위한 아이디어다. 특히 PC뿐만 아니라 스마트폰, 태블릿 PC에서 모두 이용 가능하도록 서비스를 제공하고 있어 언제 어디서나 쉽고 간편하게 바둑을 배울 수 있다는 장점도 지니고 있다. 사이버오로에서 장기간에 걸쳐 야심차게 준비한 바둑토피아가 앞으로 바둑교육의 현장에 새로운 붐을 일으킬지 기대를 모으고 있다.

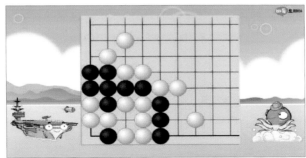

바둑 에듀테인먼트의 대표 사이트, '바둑토피아' 홈페이지

3) 바둑 스토리텔링 교수 방안

(1) 바둑교육의 스토리텔링

바둑교육의 스토리텔링에 대한 중요성을 인지하려면 먼저 '바둑교육이란 무엇인가?'라는 물음에 진지하게 고민해 볼 필요가 있다. 바둑교육이 단순히 바둑기술을 습득시키고 기력을 향상시키는 데에만 국한된다면 기존의 교수 방안으로도 충분할 것이다. 그러나 바둑교육의 의미가 '바둑이라는 수단을 통해 피교육자를 진정한 사람이 되게 한다'라

는 더 깊은 인문학적 목적을 담고 있다면, 그 방법론에 있어 스토리텔링의 중요성이 인식된다.

바둑교육 스토리텔링의 목적은 다음과 같다.

첫째, 이야기는 동기유발(motivating)적이고 재미있으며 학습에 대한 긍정적인 자세를 갖도록 해 준다. 따라서 스토리텔링을 통해 바둑의 딱딱하고 고리타분한 이미지를 극복할 수 있다.

둘째, 바둑은 상상력과 창의력을 길러 주는 창조적인 게임이다. 이야기의 활용을 통해 이러한 능력을 더욱 발달시킬 수 있다.

셋째, 바둑은 인생의 여러 가지 교훈을 담고 있다. 이야기는 이러한 바둑의 속성을 학습자의 실제 생활과 연결시킬 수 있는 유용한 도구가 된다.

넷째, 이야기는 학습자와 교사 간의 좋은 유대 관계를 형성시켜 준다.

다섯째, 학습자가 자신감을 쌓는 데 도움이 되고, 학습자의 사회적·감성적 발달을 유도해 준다.

여섯째, 질문하는 교육(어디에 둘래?), 문제를 해결하는 교육(어디에 두지?)의 유력한 방법론을 제공해 준다.

스토리텔링을 활용한 바둑교육은 학습자에게 바둑과 친숙해질 수 있는 기회를 제공한다. 뿐만 아니라 이야기 속에서 자연스럽게 바둑을 접하게 되고 바둑의 기능이나 속성, 가치 등을 익히게 된다. 스토리텔링의 효과는 학습자의 정서적, 사회·문화적 측면에까지 두루 영향을 끼친다.

(2) 스토리텔링 교수 방안

그렇다면 바둑교육에서 스토리텔링 교수 방안은 어떻게 적용될 수 있는지 연구해 보자.

첫째, '바둑기술의 스토리텔링화'이다. 예를 들어 바둑에서 튼튼한 연결 수단인 '쌍립'을 설명할 때 단지 형태적인 속성만 설명하는 것이 아니라, '튼튼한 의리, 우정'과 같은 이야기를 통해 쌍립의 의미를 이해하게 하는 것이다. 그러면 학습자는 이야기를 통해서 쌍립의 속성을 더욱 이해하게 될 뿐만 아니라 친구들 간의 의리와 우정에 대해서도 다시 한 번 생각할 기회를 얻게 되며 정서적인 면에서도 긍정적인 영향을 미치게 된다.

바둑에서 '뒷문이 열린 형태'가 있다. 그런 형태를 방치하면 상대에게 자칫 집을 빼앗기거나 근거를 박탈당하기도 한다. 이런 점을 설명할 때 단지 기술적인 설명에서만 접근하는 것이 아니라 '도둑 이야기'와 같은 스토리텔링을 통해 뒷문이 열려 있는 형태가 얼마나 위험한지를 인지시키고 문단속의 중요성까지 강조하면서 사회성 발달에 긍정적 영향을 끼치게 한다. 이 외에도 '어깨짚기, 모자씌움, 고목나무의 매미' 등 바둑용어의 스토리텔링을 통해 얼마든지 쉽고 재미있게, 그리고 아동들의 인성 발달에 도움을 줄 수 있는 교육을 시도할 수 있다.

사실 '기술의 스토리텔링화'는 가장 중요하면서 어려운 부분이기도 하다. 하지만 다양한 방법을 연구한다면 이야기를 제재로 한 스토리텔링을 통해 바둑의 흥미를 유발하고 대중들의 이목을 끌 수 있어 보급 효과를 높일 수 있을 것이다.

둘째, '바둑 효용론의 스토리텔링화'이다. '바둑 스토리텔링'을 한마디로 정의한다면, '바둑의 다양한 원리는 물론 바둑이 우리에게 어떤 이로움을 주는지에 대하여 이야기(매체)를 통해 재미있게, 감동적으로 전달하는 것'이라고 할 수 있다. 바둑의 효용성을 전할 수 있는 '위기십결(圍棋十訣), 위기오득(圍棋五得), 바둑 한자성어, 바둑 격언·속담' 등의 스토리텔링을 통해서도 바둑의 이로움을 대중들에게 알릴 수 있다. 예를 들어 위기오득 가운데 '득호우(得好友)'를 설명하는 데 있어 바둑을 두어 좋은 친구를 얻는 이야기를 들려준다면 그 이로움이 더욱 와 닿게 될 것이다. 이야기는 인물·사건·배경의 요소를 지니고 있어 듣는 사람에게 공감을 불러일으키기 때문이다.

'바둑을 두면 두뇌 발달에 도움이 된다'(서울대학교 신경정신과 연구, 2010·2014)라는 연구 결과도 단지 과학적 담론으로만 전달할 것이 아니라 바둑을 통해 실제로 머리가 좋아진 사람들의 이야기를 통해 공감을 주는 것이 더욱 효과적이다.

셋째, '바둑교육·보급 사례의 스토리텔링'을 들 수 있다. 주변의 바둑교육의 좋은 사례들을 스토리텔링으로 콘텐츠화하여 대중들에게 바둑의 긍정적인 면을 전달하는 방법이다. 예를 들어, 실어증과 자폐증을 가진 어린이가 바둑을 통해 극복한 사례, 아스퍼거 증후군(자폐의 일종)을 바둑으로 치유한 사례, ADHD(주의집중력결핍장애)가 바둑을 통해 완화된 사례, 학교공포증을 바둑으로 극복한 사례, 특수학교 바둑 교실 성공 사례 등 바둑이 긍정적인 도구로 작용한 사례들을 통해 바둑의 효과성을 보다 감동적으로 전달한다면 많은 학부모들이 자녀에게 바둑을 가르치려 할 것이고, 대중들의 관심을 끌 수 있을 것이다.

넷째, '바둑의 역사·문화에 관한 스토리텔링'이다. 현재의 바둑교육은 기술 연마와 기력 향상에만 초점을 두고 있는 경우가 많아 바둑 실력이 뛰어나더라도 정작 바둑의 역사나 문화에 대한 상식이 부족한 고수들이 더러 생겨나고 있다. 진정한 바둑 고수라면 바둑의 역사나 문화적인 부분에 대해서도 상식적으로 알고 있어야 한다.

또한 이러한 바둑의 역사적·문화적 이야기를 통해 바둑의 가치를 더욱 빛나게 할 수 있다. 4000년이 넘는 한·중·일 바둑 역사에는 신비롭고 다양한 바둑 이야기들이 전해져 오고 있다. '진신두(鎭神頭)', '토혈국(吐血局)', '이적(耳赤)의 수', '오청원·기타니의 신포석(新布石)', '조치훈의 휠체어 대국', '세고에와 조훈현', '후지사와 조훈현'의 이야기 등 바둑의 역사 속에 담겨 있는 풍부한 이야기들을 세련되게 스토리텔링하여 콘텐츠화한다면 더욱 폭넓고 깊이 있는 바둑교육을 실천하게 될 것이다.

바둑을 역사적·문화적으로 재해석하고 스토리텔링화할 수 있는 소재는 충분하다. '재미있는 바둑고사, 세계 속의 바둑, 인생과 바둑, 바둑기사론, 바둑문학, 바둑만화' 등 다양한 주제의 바둑 이야기들을 통해 대중들에게 바둑을 알리고, 바둑을 배우는 학습자들에게도 바둑에 대한 폭넓은 이해와 교양을 쌓게 한다면 바둑의 가치는 더욱 빛나게 될 것이다.

다섯째, '바둑설화의 활용'이다. 이전부터 옛이야기는 에듀테인먼트의 소재로 많이 논의되어 왔다. 그 이유는 옛이야기 속에 이미 에듀테인먼트가 꼭 갖추어야 할 교육적 요소와 놀이적 요소가 공존하고 있기 때문이다. 최운식·김기창은 옛이야기의 교육적 성격을 여섯 가지로 분류하였다.

① 상상력의 소산이므로 상상력을 기를 수 있다.
② 말로 표현된 것이므로 언어능력을 기를 수 있다.
③ 우리 조상들이 겪어 온 삶의 다양한 체험, 사상, 감정, 지혜, 용기, 가치관 등이 용해되어 있으므로 한국적 정서와 가치관을 함양할 수 있다.
④ 흥미를 불러일으켜 즐거움을 주는 동시에 윤리적 교훈을 준다.
⑤ 우리 조상들의 전통문화를 계승·발전시킬 수 있다.
⑥ 구연을 통해 전달되는 경우가 많아 따스한 사랑과 훈훈한 인정을 바탕으로 한 인간관계를 심화시켜 나가게 된다.

옛이야기는 이처럼 에듀테인먼트의 좋은 소재가 될 수 있는 다양한 특징을 지니고 있다. 교육적 요소만 있다고 해서 에듀테인먼트의 소재가 될 수 있는 것은 아니다. 당연히 학습자의 의욕을 고취시킬 수 있는 놀이적 요소가 더욱 중요하다. 그런데 옛이야기라는 것은 그 자체에 흥미 요소를 얼마나 많이 갖추고 있는지가 전래되느냐 아니냐를 가늠하는 기준이었기 때문에 이미 놀이적 특징을 가지고 있다고 할 수 있다.

바둑 에듀테인먼트에 있어 옛이야기인 바둑설화의 스토리텔링을 활용한다면 학습자에게 흥미를 유발하고 학습을 재미있게 느끼도록 해 줄 수 있다. 다시 말해 바둑을 배우려는 학습자들을 대상으로 설화 텍스트를 활용한 에듀테인먼트를 개발한다면 학습자가 바둑문화를 통해 학습할 수 있는 효과적인 콘텐츠가 될 수 있다. 그것은 바둑을 배우려는 학습자의 관심을 얻을 수 있는 흥미 있는 바둑 이야기 제재를 사용한 학습이라는 점과, 한국의 옛이야기를 통해 배울 수 있는 한국적 가치관 및 한국인의 사고방식, 양태 등을 동시에 학습 가능하다는 점에서 기인한다.

설화는 일정한 구조를 지닌 허구의 이야기이고, 민족적 전통성까지 겸비했다는 측면에서 스토리텔링을 위한 이야기 제재로 손색이 없을뿐더러 교육적 가치는 배가되는 것이다. '바둑의 기원, 난가(爛柯), 예성강곡(禮成江曲), 승려국수 도림, 진감선사와 쌍계사, 효성왕과 신충, 장님바둑(왕적신 설화), 홍순과 이순의 내기바둑, 유성룡과 이여송, 조선국수 서천령, 북두칠성과 수명, 바둑기사 정운창' 등 예로부터 전해져 내려오는 바둑 이야기의 매력적인 요소들을 활용하여 바둑을 배우고자 하는 학습자들의 연령층에 맞게 콘텐츠화시킨다면 유력한 바둑 에듀테인먼트 개발 방안이 될 수 있을 것이며, 해외 바둑 보급이 원활화되고 있는 현 시점에서 서양인들을 대상으로 한 콘텐츠를 개발한다면 세계시장의 수출도 가능할 것이다.

여섯째, '스토리텔링 방법론'이다. 사실 바둑교육에 있어서 기존의 강사들도 스토리텔링을 이미 활용하고 있는 경우가 많다. 그러나 그 방법론에 있어서는 구두(口頭)적인 방안을 채택하는 경우가 대부분이다. 따라서 시대의 변화에 맞추어 스토리텔링 방법론도 다양해져야 할 필요가 있다. 학생들이 좋아하는 이야기를 인형극이나 CD-ROM, VTR, 그림카드, 애니메이션 등 다양한 매체를 통해 학습자 수준에 맞도록 내용을 재구성하여 지도하는 모든 방법을 동원해야 한다. 이미 영상 세대로 자리 잡은 현대의 어린이들에게 기존의 구태의연한 교육 방식을 적용한다면 바둑교육은 발전하지 못할 것이다. 다양한 스토리텔링 방법론을 적용하여 보다 미래지향적인 바둑교육을 시도해야 할 때이다.

<난가> 설화의 애니메이션 스토리보드 샘플 장면

#NO.	장면	이야기 내용
#1		옛날 옛적 지리산 밑에 사는 한 나무꾼이 나무를 하러 도끼를 메고 깊은 산속으로 들어갔습니다.
#2		산길을 가다 보니 맑은 시냇물이 흐르고 푸른 소나무의 그늘이 드리운 평평한 바위 위에서 웬 선비 차림의 노인이 스님과 바둑을 두고 있었습니다.
#3		"여보게, 이번에는 자네가 졌네." "허허…그게 무슨 소린가? 자네는 나를 못 당하네."
#4		서로 농담하면서 흥겹게 바둑을 두는 것이 너무도 신기했던 나무꾼은 나무 하는 것도 잊어버린 채 도끼를 옆에 세워 놓고 정신없이 구경하였습니다.
#5		얼마 후 바둑 한 판이 끝났습니다. 나무꾼이 고개를 들자 해는 이미 서산에 기울어 있었습니다.
#6		"어, 내 정신 좀 봐. 바둑 구경에 빠져서 나무 하는 걸 잊었잖아." 그제야 정신을 차린 나무꾼은 옆에 세워 둔 도끼를 바라보았습니다.

#7		"아, 아니, 이럴 수가! 내 도끼자루가 썩어 버렸어!"
#8		나무꾼은 화들짝 놀라 노인과 스님에게 황급히 인사를 했습니다. "어르신들, 바둑 구경 잘했습니다. 저는 날이 저물어서 이만 집에 가 봐야겠습니다."
#9		"그래, 자네 시장하겠구먼. 이걸 먹어 보게." 선비 차림의 노인이 주머니에서 솜 조각 같은 것을 꺼내 주었습니다.
#10		나무꾼은 한 입 베어 먹었습니다.
#11		"헉! 이게 무슨 맛이야! 퉤, 퉤!" 맛을 보니 된장을 묻힌 것 같은 찝찔한 맛이 나서, 비위에 거슬린 나무꾼은 그만 뱉어 버렸습니다.
#12		"하아…(긴 한숨을 내쉬면서) 그대가 그것을 삼켰다면 나와 같이 영생(永生)을 할 수 있었을 터인데… 뱉어냈으니 할 수 없도다. 어서 집으로 돌아가거라."
#13		나무꾼은 노인의 말에 서운한 마음으로 집에 돌아왔습니다.

#14		그런데 이게 어찌 된 일일까요? 집에 돌아와 보니 나무꾼의 아내는 남편이 죽은 지 3년이 되었다 하여 3년상 제사 준비를 하고 있지 뭡니까!
#15		나무꾼이 산속에서 만난 바둑 두는 사람들은 신선들이었고, 바둑 한 판을 구경하는 동안 속세에서는 3년의 세월이 흘러 버린 것이었습니다.

 학습활동

▌ 활동 1 ▌ 바둑 에듀테인먼트의 사례 　　　ACTIVITY

앞에서 언급한 다양한 바둑 에듀테인먼트의 사례를 함께 살펴보고 그 장·단점을 분석하여 의견을 나누어 보자, 그리고 이를 바탕으로, 앞으로 바둑 에듀테인먼트가 나아가야 할 방향에 대해서 토의해 보자,

▌ 활동 2 ▌ 스토리텔링 교수 방안 　　　ACTIVITY

스토리텔링을 활용한 바둑 교수 방안의 구체적인 아이디어를 생각하여 발표해 보자, 다른 사람이 발표한 내용에 대해 자신의 생각을 이야기하고, 더 완성도를 높일 수 있는 의견을 제시해 보자,

자신이 생각해 낸 아이디어를 적용하여 실제로 바둑교육 실습을 시도해 보자,

1. 바둑 문화콘텐츠의 정의
바둑 문화콘텐츠란 바둑을 소재로 한 다양한 콘텐츠를 지칭하는 개념으로, 바둑이라는 콘텐츠를 담는 그릇이자 다양하게 활용하는 도구들, 예컨대 바둑서적이나 바둑만화, 바둑방송, 바둑영화, 바둑게임, 바둑 관련 캐릭터 등 바둑을 담아낸 각종 매체들을 의미한다.

2. 바둑문학
바둑문학은 바둑이 지닌 다양한 가치와 특질을 표현해 주는 중요한 도구가 되는 콘텐츠로서, 바둑을 소재로 한 시, 소설, 에세이, 동화, 설화 등이 이에 해당한다.

3. 바둑평론
관전기와 기사론, 그리고 바둑강의 및 해설은 바둑분야에서만 찾아볼 수 있는 특별한 콘텐츠들이다. 다양한 예술 분야에서 작품의 의미를 대중들에게 설명해 주는 평론이 중요한 장르이듯이, 바둑을 대중들에게 이해시키기 위한 바둑평론 역시 매우 중요한 장르라고 할 수 있다.

4. 바둑만화
바둑을 소재로 한 대표적인 만화로는 일본의 『고스트 바둑왕』, 한국의 『바둑삼국지』, 『명인환속』 등이 있으며, 본격 바둑만화는 아니지만 바둑을 소재로 샐러리맨들의 애환을 그려 낸 작품인 『미생』은 대중들에게 큰 사랑을 받고 있다.

5. 바둑 영상콘텐츠
21세기 문화콘텐츠의 핵심이라 할 수 있는 영상콘텐츠의 대표적인 장르는 '영화'와 '드라마'이다. 바둑을 소재로 한 영화는 <스톤>, <신의 한 수>, <기성 오청원>등이 있으며, 바둑을 소재로 한 드라마는 <맞수>, <미생>등이 있다. 뿐만 아니라, 정통 사극이나 시트콤 등에서도 바둑과 관련된 장면들이 자주 등장하고 있다.

6. 바둑 에듀테인먼트
최근 스토리텔링의 중요성이 부각되면서 교육 분야에서도 스토리텔링을 활용한 교수 방안과 교육콘텐츠가 확대되고 있다. 놀면서 공부한다는 새로운 방식의 교육콘텐츠인 '에듀테인먼트'는 바둑 교육에서도 매우 중요한 개념으로 떠오르고 있으며, '키즈바둑', '조이스쿨', '바둑토피아' 등의 바둑교육 사이트가 바둑 에듀테인먼트를 시도하고 있는 대표적인 사례로 꼽힌다.

단원평가

01. 문화콘텐츠의 개념에 대해 설명하고, 바둑 문화콘텐츠의 정의를 말해 보시오.

02. 'OSMU(One Source Multi Use)'의 개념에 대해 설명하고, 바둑콘텐츠 가운데 OSMU의 대표적인 성공 사례를 들어 보시오.

03. 한국의 대표적인 바둑설화에는 '바둑이란 도끼 자루가 썩는 줄 모를 정도로 흥미진진하다'는 내용을 담고 있는 (   ), 내기바둑으로 빼앗긴 아내를 하느님 덕택으로 다시 만나게 되었다는 내용을 다루고 있는 (   ), 인간의 초능력으로도 불가능한 신기(神技)의 대국 기법, '언기(言棋)'로 바둑을 두는 시어머니와 며느리가 등장하는 (   ), 유명한 국수가 풋내기한테 내기바둑에서 지고 마는 역전 드라마가 펼쳐지며 세상엔 숨은 인재들이 많음을 시사해 주고 있는 (   ) 설화 등이 있다.

04. '관전기(觀戰記)'와 '기사론(棋士論)'의 개념에 대해 설명하시오.

05. 가와바타 야스나리의 『명인』은 관전기로 이루어진 바둑소설로, 바둑 한 판을 어떻게 예술로 승화시킬 수 있는지 구체적으로 보여 준 작품이다. 이 소설의 배경이 된 실제 대국의 기사들이 누구인지 답하고, 또 그 대국이 갖는 역사적 의미에 대해 서술하시오.

06. 바둑을 소재로 샐러리맨들의 애환을 그려 낸 작품인 윤태호 작가의 웹툰 『미생』은 국내 최초로 바둑을 스토리텔링 전략으로 활용하여 많은 대중들에게 인기를 얻고 성공적인 문화콘텐츠로 자리매김했다. 『미생』에서 '바둑'이 지니는 의미에 대해 서술하시오.

07. 『고스트 바둑왕』의 성공 전략에 대해 논하시오.

08. 강철수의 바둑만화가 내용의 참신성과 재미에도 불구하고 대중들에게 널리 알려지지 못한 원인을 논하시오.

09. 국내 최초의 바둑영화 <스톤>은 부산국제영화제를 시작으로 스위스 로카르노 영화제 등 다양한 영화제에서 호평을 받은 작품으로, 두 남자―바둑을 사랑하는 조직 보스 남해와 내기바둑으로 살아가는 바둑 사범 민수―의 이야기를 통해 바둑에 인생을 담고, 바둑의 재미와 매력을 많은 이들에게 보여 주는 영화이다. 이 영화에서 '바둑'을 통해 전하고자 하는 메시지는 무엇인지 논하시오.

10. 에듀테인먼트의 개념에 대해 설명하고, 바둑 에듀테인먼트의 중요성에 대해 논하시오.

11. 다음 괄호 안에 공통적으로 들어갈 단어는?
    "기사의 기풍은 (   )를 통해서만 분석이 가능하다고 본다면 관전기와 마찬가지로 기사론에서도 (   )의 등장은 필수적이다. 단지 어느 특정 기사의 바둑을 주제로 한 평론이라 하더라도 (   )를 통해 분석한 글이 아니라면 기사론이라고 할 수 없는 것이다. 다시 말해 기사론이 되게 하는 결정적 요소는, 그 글들이 (   )에 근거하여 대표적인 기사들의 바둑의 특징을 탐구했냐는 점이다."

12. 바둑교육에서 스토리텔링 교수 방안이 어떻게 적용될 수 있는지, 여섯 가지 항목에 대해 설명하시오.

Chapter 2

바둑 미디어

■ 중심 주제 오늘날 미디어는 인간 사회에서 자신의 의사나 감정 또는 객관적 정보를 서로 주
고받을 수 있는 커뮤니케이션 수단이며, 대중에게 많은 심리적, 사회적 영향을 미
치고 있다. 이러한 미디어는 바둑 분야에도 도입되고 활용되어 바둑문화를 크게
변화시켜 나가고 있다.
본 장에서는 미디어의 정의와 종류, 기능과 효과를 살펴보고, 바둑과 미디어의 관
계에 대해 알아보고자 한다.

■ 학습목표
1. 미디어의 개념과 필요성을 설명할 수 있다.
2. 바둑과 미디어의 관계를 설명할 수 있다.
3. 바둑 미디어의 종류와 특징을 설명할 수 있다.

1. 바둑과 미디어

▌ 학습목표	1. 미디어의 정의와 종류를 설명할 수 있다. 2. 미디어의 기능과 효과를 설명할 수 있다. 3. 바둑과 미디어의 관계를 설명할 수 있다.

학습내용

현대사회에서 미디어란 무엇인가? 일상생활에서 우리는 언제 어디서나 미디어를 접하고 있다. 기술의 발달에 따라 진화된 미디어의 종류와 기능을 살펴보고, 바둑과 미디어의 관계에 대해 알아보자.

1) 미디어의 정의

사회적 존재인 인간은 다른 사람들과 끊임없이 교류하면서 생활하고 있다. 자신의 생각을 언어로 표현했던 과거와 달리 오늘날에는 과학 문명이 발달하면서 사람들은 교류의 수단으로 여러 가지 미디어를 이용하게 되었다. 현대사회를 살아가는 사람들은 우리 생활 깊숙이 자리 잡고 있는 각종 미디어에 둘러싸여 하루를 시작하고 또 하루를 마무리한다. 그만큼 우리 사회에서 미디어의 영향력은 더할 나위 없이 커져 가고 있으며, 미디어의 중요성에 관한 인식도 계속해서 확산되고 있다.

미디어(media)란 어떤 사실이나 정보를 담아서 수용자들에게 보내는 역할을 하는 매체(媒体) 혹은 매개체(媒介体)라고 말할 수 있다. 인간 사회에서 자신의 의사나 감정 또는 객관적 정보를 서로 주고받을 수 있도록 고안해 낸 수단을 가리키는 말로, 어떤 작용을 한쪽에서 다른 쪽으로 전달하는 역할을 한다. 미디어는 우리가 사회 구성원으로 적응하고 자립해 나가는 데 필요한 다양한 정보를 수집하고 습득할 수 있는 도구가 되며 사회의 구성원들과 교류를 하는 중요한 수단이 되기도 한다.

미디어의 발달은 활판 인쇄 발명자 구텐베르크(Johannes Gutenberg)의 인쇄 기술 발명으로부터 시작된다. 인쇄술의 발명은 신문과 잡지로 발전하게 되었고, 문자에서 음향을 전달하는 라디오로, 음성에서 영상을 전달하는 TV로 발전하게 되었다. 세상과 개인을 연결시켜 주는 미디어는 기술의 발전에 힘입어 20세기 후반부터 컴퓨터와 통신 기술, 스마트 모바일 기기, 인터넷 등이 결합하게 되면서 새로운 형태로 정보를 전달하는 뉴미디어(new media)가 생겨나게 되었다.

전통적인 전달 매체인 TV, 라디오, 신문 등의 미디어가 일방적인 전달에 머물렀던 것에 반해 뉴미디어는 이용자가 원하는 콘텐츠를 언제, 어디서나, 어떤 기기를 통해서도 접근이 가능하게 되면서 양방향으로 전달하게 되었고, 이 영향으로 뉴미디어는 콘텐츠에 대한 이용자의 자유로운 피드백을 허용하는 높은 상호작용성을 지니게 되었다.

이와 같은 미디어는 기술의 발전에 따라 복제와 확장, 그리고 가상현실이라는 특성을 갖게 되었다. 산업혁명 이후부터 무수히 많은 기계들이 발명되었고 기술의 발전이 더욱 정교해지면서 미디어는 빠르게 복제되어 미디어의 대량생산이 가능하게 되었다. 이제는 원본과 사본의 경계가 무의미해지게 되었고 더 이상 원본성의 가치를 필요로 하지 않게 되었다.

이렇게 복제된 미디어는 시간과 장소를 초월한 무한한 확장성을 띠게 되었다. 특히 텔레비전의 발명은 미디어의 확장을 더욱 심화시키면서 중요한 매체가 되었다. 미디어의 확장은 일상의 관념을 넘어 정치, 경제, 사회 그리고 문화에 이르기까지 확장해 나가면서 사람들의 인식을 변화시키는 중추적인 역할을 해 나가고 있다. 이러한 미디어의 복제와 확장은 결국 컴퓨터 등을 사용한 인공적인 기술로 현실에 존재하지 않는 범위, 즉 실제와 유사하지만 실제가 아닌 가상현실(virtual reality)을 만들어 내게 되었다. 이처럼 현대사회에서 미디어는 계속해서 진화해 가고 있으며 영향력을 증대시키고 있다.

이른 아침 나를 깨우는 스마트폰 알람과 오늘의 날씨를 알려 주는 모바일 앱으로 하루를 시작한다. 밤새 들어온 전화 요청, 문자 메시지, 카카오톡 등을 살펴보고, 트위터나 페이스북에 올라온 친구들의 새로운 소식을 확인한다. 외출 전 버스의 위치를 알려 주는 서울버스 앱을 켜 버스의 도착 시간을 확인하고, 버스나 지하철에서 다음과 네이버를 연결해 뉴스를 본다.

회사에 출근해서 컴퓨터 앞에 앉아 정보를 접한다. 스마트폰으로 맛있는 음식점을 검색하고 난 뒤 친구들에게 카카오톡으로 약속 장소를 알리고, 스마트폰으로 약속 장소로 가는 방법을 찾아낸다. 친구들과 저녁 식사를 하면서 스마트패드를 통해 검색을 하고 연예계 소식을 접한다.

친구들과 직접 만나는 횟수는 점점 줄지만 그렇다고 그들과 멀어진 느낌은 별로 없다. 저녁에 집에 오면 텔레비전이나 방송사의 앱, 유튜브 등으로 뉴스를 보고, 드라마나 오락 프로그램을 시청하면서 하루의 피로를 푼다.

김지현. 호모스마트쿠스로 진화하라. 2012.
김영임 외. 미디어와 현대사회. 2014. (재구성)

2) 미디어의 종류

미디어는 인류 문명의 발달과 함께 발전해 왔다. 미디어는 활자를 매개로 기록, 저장, 전달을 가능하게 하였던 인쇄 미디어에서 전자기의 수단을 이용하여 거리와 시간의 개념을 극복하고 정보 전달을 하였던 전파 미디어로 발전해 왔다. 새로운 기술 개발이 계속되면서 음성 위주의 정보 전달에서 벗어나 영상 메시지의 전달까지 가능해진 영상 미디어가 등장하게 되었고, 현재는 전통적인 전달 매체에 컴퓨터와 통신 기술, 스마트 모바일 기기 등이 융합되면서 만들어진 새로운 개념의 뉴미디어까지 개발되었다.

인쇄술의 발명으로 탄생한 신문과 잡지, 서적 등의 인쇄 미디어는 수많은 사람들에게 정기적으로 동일한 정보와 메시지를 전달하였다. 인쇄 미디어의 영향으로 다양한 지역에 살고 있는 대중들이 문화를 향유하며, 선각자들의 사상과 방향성을 공유할 수 있게 되었다.

전파 미디어인 라디오는 무선통신 기술의 발달로 출현하게 되었는데, 이것은 전 세계인을 동 시간대로 묶은 최초의 미디어이다. 라디오는 활자 매체와 달리 이용하는 데 특별한 지적 능력이 필요하지 않다는 점, 다른 일과 병행하면서 청취가 가능하다는 점, 대중들에게 전문적인 정보를 신속하게 전달한다는 점 등으로 텔레비전이 등장하기 전까지 가장 각광을 받는 매체였다.

☞ 읽어보기

미디어 발달사

슈람(Stuart R. Schram)은 백만 년의 인류 역사를 하루 스물네 시간으로 가정하여 인류 문명에 미디어 기술이 발명된 시기를 24시간으로 환산하였다. 그 결과 인류가 최초로 언어를 쓰기 시작한 시각은 23시 33분이고, 인쇄 매체 시대가 열린 금속 활자의 발명 시각이 23시 59분 14초, 전파 매체를 통해 방송이 가능하게 된 라디오 발명 시각이 23시 59분 53초, TV의 출현이 23시 59분 56초, 그리고 컴퓨터의 발명 시각이 23시 59분 57초로 각각 나타났다.
여기서, 문자에서 인쇄 매체 시대까지는 26분 14초나 걸렸으나 인쇄 매체에서 방송 매체 시대까지는 겨우 39초, 반면 컴퓨터 개발과 함께 뉴미디어와 디지털 미디어 시대는 TV 출현 이후 2-3초 만에 도래했음을 볼 수 있다.

최경숙. 디지털 시대 청소년 문화의 이해와 그 현실에 대한 조명. 2007. (재인용)

영상 미디어로 대표되는 텔레비전은 멀리 떨어진 사물과 사건을 보고자 했던 인간의 꿈을 이루기 위해 끊임없이 기술을 개발하고 실험한 끝에 실현된 것이다. 텔레비전은 다른 어떤 제도나 첨단 기술에 비길 수 없을 만큼 20세기 사람들에게 가장 큰 영향을 미치고 사회를 지배했던 매체이다.

미디어의 발전과 변화로 과거 그 어느 때보다 다양하고 풍요로운 미디어 속에 살고 있는 우리들은 이제 더 이상 새로운 미디어에 낯설어 하지 않으며 일상생활 속에서 자연스럽게 활용하며 생활해 오고 있다. 앞으로도 미디어의 변화와 발전은 계속될 것이며 그에 따른 영향력은 사회 구성원들의 의식과 문화에 막대한 영향을 끼칠 것이다.

3) 미디어의 기능과 효과

미디어는 우리 사회에서 다양한 기능을 하고 있다. 많은 학자들은 미디어가 기존의 규범을 강화하여 사회질서 유지에 기여하며, 특정한 이슈나 조직에게 합법적인 지위를 부여하기도 한다고 설명하였다. 이러한 미디어의 기능을 다음의 몇 가지로 구분하여 순기능과 역기능을 살펴보자.

첫째, 미디어는 환경 감시 기능이 있다. 환경 감시 기능이란 미디어의 뉴스와 정보 전달 기능을 말한다. 사회에서 일어나는 여러 가지 사건들에 관한 정보를 전하거나 앞으로 필요한 정보를 제공하여 대비하게 하는 역할이다. 대중들은 뉴스를 통해 접해 보지 못했던 사실과 정보에 대해 신속하게 전달받고, 간접 체험해 볼 수 있는 기회를 통해 다양한 시각을 갖게 된다. 또한 이러한 정보는 사회 구성원 전체에게 전달되므로 사회 내부에 평등주의 감정을 갖게 하기도 한다. 반면, 빠른 전달 속도의 영향으로 사회에 혼란을 초래하거나 오보 전달과 같은 일이 생기기도 하며, 왜곡된 정보로 인해 대중이 사회를 보는 시각을 왜곡시키거나 부정적 가치관을 야기할 수도 있다.

둘째, 미디어는 상관 조정 기능이 있다. 미디어는 대중들에게 필요한 정보만을 전달하는 차원을 넘어서 환경에 관한 정보의 의미를 해석하고 변화하는 환경에 사회가 적응할 수 있도록 설득하는 기능을 한다. 대중들은 텔레비전이나 신문에서 보도되는 사설, 논평, 기사 등에 의해서 의견을 통일하고 동조한다. 미디어는 주변에서 발생하는 여러 사건들에 우선순위를 부여하는 역할도 담당하며, 사회가 갈등에 휩싸였을 경우 언론이 특정 방향으로 여론을 유도함으로써 사회 통합과 결합을 이끌어 내기도 한다. 한편, 미디어는 정치권력이나 이익 단체, 자본 등의 영향으로 왜곡된 보도를 하거나 고의로 중요한 사회 문제를 다루지 않는 역기능을 초래할 수도 있다.

셋째, 미디어는 사회화 기능이 있다. 전통적으로 가정, 학교, 회사 등이 사회화의 중요한 기능을 담당해 왔지만 현대사회에서는 미디어가 큰 역할을 수행해 오고 있다. 미디어는 여러 사회화 기구들보다 사회화의 핵심으로 사회 구성원들을 위한 교육의 도구로 이용되면서 사회화 기능을 담당해 오고 있다. 사회의 가치와 규범, 다양한 문화를 사회 구성원들에게 전수하고, 한 세대에서 다음 세대로 전달한다. 그러나 미디어를 통해 제공되는 다소 획일화된 문화는 다양성과 창의성을 약화시킬 수 있으며, 하위문화의 생성을 방해하여 문화의 다양한 발전을 저해하는 역기능을 초래할 수도 있다.

넷째, 미디어는 오락 기능이 있다. 미디어는 뉴스나 논평을 통해 대중들에게 정보를 제공하는 한편 흥미 위주의 내용이나 프로그램으로 휴식이나 스트레스를 해소할 수 있는 기회를 제공하기도 한다. 텔레비전의 경우 오락물이 시청자의 관심을 끌게 되면서 방송사들은 교양 프로그램의 편성률을 낮추고 오락 프로그램의 편성률을 높이면서 미디어의 오락 기능은 날로 심화되고 있다. 그러나 대중들이 오락물에 지나치게 몰입하게 되면 현실을 도피하려는 성향을 보일 수 있으며, 사회적·정치적으로 무관심이 증가되고 문화의 질적 저하가 확산될 수 있다는 역기능적 측면이 우려되고 있다.

이상에서 살펴본 바와 같이 사람은 직접 경험할 수 있는 한계가 있어 책이나 미디어를 통해 간접경험을 하게 된다. 현대사회에서 미디어는 사람들이 직접 경험할 수 없는 정치, 경제, 사회, 문화 등의 다양한 정보를 전달한다. 정보를 수용하는 사람들은 시간과 공간의 제약을 넘어 다양한 문화를 이해하고 영향을 받게 된다. 이때 미디어는 수용자를 설득하기 위해 정보를 전달하는 것이 아니라 정보나 오락을 제공하는 데 목적이 있으므로 지식과 인지의 차원에서 정보 획득의 효과를 기대해야 한다.

오늘날 미디어는 개인과 사회에 미치는 영향력이 계속해서 증대되고 있으며, 현대인들은 많은 시간을 미디어와 함께 보내고 있다. 미디어는 우리 사회의 다양한 분야에 대한 정보를 전달하고 개인의 욕구를 충족시켜 주는 수단으로 이용되기도 하지만, 어린이나 청소년의 경우 미디어가 대량으로 생산하여 전달하는 정보를 무비판적으로 수용하게 되면서 가치관과 자아 형성에 미칠 부정적 영향에 우려를 나타내기도 한다.

4) 바둑과 미디어의 관계

예로부터 최고의 유희로 인정받아 왔던 바둑은 단순한 게임의 차원을 넘어 예술이나 예도, 또는 동양철학이 내재된 심오한 것으로 이해되어 왔다. 오늘날 동아시아를 중심으로 전 세계 4,200만 명이 바둑을 마인드 스포츠, 놀이 문화, 도락 문화로 즐기면서 하나의 문화를 형성해 나가고 있으며, 전 세계적으로 계속해서 증가해 나가고 있다. 최근에는 바둑의 세계적인 확산과 함께 바둑을 스포츠로 인식하여 인류 평화의 제전인 올림픽에 넣으려는 움직임이 일어나고 있다.

미디어의 발전으로 사회의 문화와 환경이 변해 가고 있는 상황 속에서 바둑문화도 시대적 흐름에 주체적이고 창조적으로 대응해 나가기 위한 변화를 시도하고 있다. 현대사회에서 바둑의 여러 가지 활동은 미디어와 밀접한 관계를 맺고 있다. 바둑은 기존의 미디어와 결합하여 바둑 미디어를 만들어 내면서 바둑팬에게 여러 가지 필요한 정보와 즐거움을 제공하고 있다.

바둑과 인쇄 미디어가 결합하면서 신문과 잡지, 학습 서적, 정기 간행물 서적 등이 발행되었고, 바둑과 영상 미디어가 결합하면서 세계적으로도 유례없는 바둑 전문 방송이 운영되고 있다. 또한 바둑은 바둑교육 콘텐츠를 인터넷으로 서비스하고 있으며, 인터넷 바둑 사이트를 통해 바둑팬들이 시공간의 제약을 넘어서 전 세계 바둑팬들과 대국을 할 수 있게 되었다. 이와 함께 바둑문화도 오늘날 그 중요성이 더욱 대두되고 있는 소셜 미디어를 통해 사회적 네트워크를 형성하고 정보를 공유하기 위해 변화를 시도하고 있다. 만일 오늘날의 한국 바둑문화 형성에 미디어의 영향이 없었다면 지금처럼 바둑이 활성화되지 않았을 것이다.

앞으로 바둑문화가 발전하기 위해서는 바둑이라는 원천 콘텐츠를 창의적으로 새롭게 기획하여 변화하는 환경에 주체적이고 창조적으로 대응해 나가야 한다. 이러한 시대적 흐름과 함께 바둑도 방송, 영화, 애니메이션, 게임, 출판 등의 다양한 미디어로 발전시킬 수 있는 방안을 모색해야 될 것이다. 바둑은 오랜 시간 동안 전승되어 오면서 바둑의 역사 속에 인물과 사건을 바탕으로 풍부한 이야기가 담겨 있는 등 추상적인 무형의 이미지를 유형의 문화적 요소로 만들 수 있는 매우 이상적인 상품의 특성을 갖는 콘텐츠라 할 수 있다. 더 나아가 바둑은 바둑의 이미지와 스토리텔링을 접목해 OSMU화하여 문화산업적 차원에서 경제적 가치를 극대화할 수도 있다.

 **학습활동**

| 활동 1 | 미디어의 장단점 | ACTIVITY |

　미디어의 발달은 현대사회를 크게 변화시켜 나가고 있으며, 우리에게 미치는 영향 또한 매우 크다고 할 수 있다. 이러한 미디어의 장점과 단점이 무엇인지 생각해 보고 이를 발표해 보자.

2. 바둑과 출판

▌ 학습목표	1. 바둑서적의 종류를 제시하고 분류할 수 있다. 2. 바둑과 신문의 관계를 설명할 수 있다. 3. 바둑전문잡지의 발달사를 설명할 수 있다.

학습내용

한국 현대 바둑에 있어서 초기에는 신문과 잡지 등의 인쇄 미디어가 바둑문화를 형성하고 바둑을 대중들에게 널리 확산시키는 데 큰 도움이 되었다. 바둑신문과 바둑전문잡지의 발달사를 살펴보고, 바둑과 인쇄 미디어의 관계에 대해 알아보자.

1) 바둑서적의 발달

바둑과 관련된 가장 오래된 미디어는 출판 미디어이다. 바둑의 문화적·사회적 요소와 기능은 직접 대국을 하거나 관전을 통해서도 느낄 수 있지만, 바둑서적을 통해서도 충분히 느낄 수 있으며 때로는 큰 감동을 얻기도 한다. 예로부터 우리 선조들은 바둑의 특성과 분위기, 수순 등 다양한 소재를 바탕으로 바둑 그림과 시, 글을 지어 왔다. 그러나 현대에 와서는 바둑의 역사와 관습, 전설, 문학 등의 영역보다는 바둑 기술과 대국을 중심으로 출간되는 경우가 많다. 현재까지 시중에 출간되어 있는 바둑서적은 2,000여 권이 넘지만 주로 정석, 포석, 사활 등 바둑기술서가 주를 이루고 있으며, 바둑 이론에 대한 설명보다는 문제 풀이 형태로 개인의 실력 연마에 활용되고 있는 경우가 대부분이다.

현재 바둑서적은 바둑역사, 바둑문화, 바둑소설, 회고록, 바둑수필, 에세이, 창작동화 등 장르가 다양하지만 이와 관련된 서적은 50여 권에 불과한 상황이다. 바둑에 관한 역사물로는 김용국의 『한국위기사』, 권경언의 『한국바둑인물사』가 대표적이며, 바둑의 역사와 문화는 이승우의 『바둑의 역사와 문화』, 안영이의 『다시 쓰는 한국바둑사』, 이광구의 『다큐멘터리 한국현대바둑 50년』, 이청의 『한국바둑사』에서 함께 다루고 있다.

프로기사의 일대기를 그린 인물 중심의 작품으로는 조남철의 『조남철 회고록, 세 번의 눈물』, 조훈현의 『전신(戰神) 조훈현』, 이영호의 『나의 형, 이창호』 등이 있다. 바둑수필은 이승우의 『바둑을 사랑하는 사람들』, 박치문의 『요순에서 이창호까지』, 남상일의 『철학으로 본 바둑 에세이』 등이 있으며, 정수현의 『바둑 읽는 CEO』는 바둑을 통해 슬기롭고 현명한 삶을 살아갈 수 있게 하는 경영서로 볼 수 있다.

지금까지 국내에 발표된 바둑 소설은 장편소설, 단편소설, 콩트를 포함하여 총 50여 편으로 알려져 있으며, 장편바둑소설의 대표작으로는 가와바타 야스나리(川端康成)의 『명인(名人)』, 홍성화의 『입단연가』, 조세래의 『승부』, 노승일의 『올인』 등이 있다. '명인'은 본인방 슈사이 명인과 기타니 미노루 7단의 기념대국 실화를 소재로 하였으며, '올인'은 프로기사 차민수 4단의 국제적 갬블러로서의 행적을 적은 소설이다. 결국에는 다시 바둑으로 돌아온다는 이야기로, 원작을 토대로 TV드라마가 방영되어 화제를 모으기도 했다.

바둑서적

바둑을 소재로 어린이들에게 풍부한 상상력을 키워 주는 국내 창작동화도 발행되고 있다. 김종렬의 『아홉 개의 바둑돌』과 주경희의 『고수의 바둑』이 그 예이다. 특히 '고수의 바둑'은 바둑 신동 나현(당시 12살) 군의 이야기를 동화로 재구성한 다큐동화로, 기대주로 주목받고 있던 나현은 입단에 성공하여 한국기원 소속 프로기사가 되었다.

바둑과 학문을 접목시킨 저서로 정수현의 『바둑학개론』은 바둑에 관한 총체적 현상 탐구를 통해 바둑 기술의 연구에서 벗어나 역사, 심리, 교육, 문화, 마케팅 등 바둑과 관련된 사회활동으로 초점을 확대하였으며, 문용직의 『바둑의 발견』은 바둑을 구성하는 여러 조건들, 즉 인간의 우주관, 사회의 질서, 게임의 논리, 조화의 개념과 같은 관념들을 설명하고, 그 개념들의 상호작용에 대해 고찰하였다. 박우석의 『바둑철학』은 바둑에 관한 철학적 성찰을 시도한 본격적인 바둑철학 연구를 지향하는 책이다. 이와 함께 (재)한국기원이 1967년 8월 창간호를 시작으로 지금까지 계속해서 발행하고 있는 바둑 관련 정기 간행물인 월간 『바둑』은 2009년 3월 통권 제500호를 발행하면서 역사와 전통을 이어 오고 있다.

2) 바둑신문

(1) 바둑과 신문

신문은 바둑의 보급과 전문가의 활성화에 큰 역할을 해 왔다. 프로기전을 주최하거나 후원하고 있는 신문사에서는 매년 상당한 예산을 들여 기전을 개최하고, 기전에 참가한 프로기사의 기보를 관전기 형식으로 게재하고 있다. 현재까지 개최되고 있는 많은 프로 기전들이 신문을 중심으로 열리고 있기 때문에 한국 기전의 역사는 신문의 기보 게재 역사로부터 출발한다고 주장하는 의견도 나오고 있다.

신문 지면을 통해 독자들은 바둑 기사와 기보 해설을 볼 수 있게 되었는데, 이것이 가능했던 것은 형태를 계속 놓아 가며 경기가 진행된다는 바둑이 갖고 있는 특성이 영향을 끼친 것으로 이해할 수 있다. 바둑의 수순이 진행되면서 형태가 점점 구체화되어 가므로 지면에 그 진행을 표시하기가 용이할 뿐만 아니라 독자들이 눈으로 따라가기가 용이했다.

신문 지면에 바둑이 등장하면서 바둑수 해설과 소식 전달은 바둑계 발전과 저변 확대에 큰 영향을 끼치게 되었다. 여러 신문사에서 게재하는 바둑란은 프로기사의 실전기보에 해설을 실었는데, 해설은 단순히 바둑수에 대한 설명과 옳고 그름에 대한 판단에 그치지 않고 바둑 내용 이외에 기사와 관련된 주변 이야기를 싣거나 수에 대한 기사의 심리나 상황을 문학적으로 표현함으로써 문학 작품의 성격을 띠게 되는 관전기(觀戰記)로 작성되었다. 독자들은 관전기를 통해 바둑수 해설과 소식 전달 등의 차원을 넘어 바둑의 의미, 예술성, 기사의 인생관, 기풍, 승부의 처절함과 희열, 기쁨, 감동을 느낄 수 있었고, 바둑을 잘 모르는 독자들 중에도 관전기 속에 전개되는 바둑 이야기에 흥미를 느껴 바둑란을 읽는 경우도 많았다.

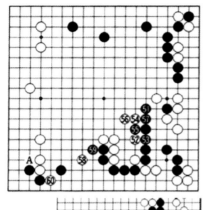

<준결승> ○·스웨 9단　●·탕웨이싱 3단

제6보(51~60)=스웨는 중국 랭킹 1위. 깊은 수읽기로 능수능란하게 싸움을 이끄는 데 리듬을 잘 탄다. 오늘이 그렇다. 중앙을 먼저 공격하다가 변에 두고 그러곤 귀로 향한다.

51 이하 57은 절대의 탈출이고 58과 60은 잘 맞는 박자. 애초에 백이 A와 60 젖힘을 뒤로 남겨둔 이유가 분명해졌다. 이제는 A가 아니라 60이 답이다.

괴로운 흑이다. 우상귀의 한 수 손실이 불러온 결과다. 백은 순풍에 돛을 단 격인데 그러나 58은 조심스러운 공격이었다. '참고도1'을 먼저 보자. 1이 실전 58인데 2가 성립되지 않는다. 3 젖힘에 흑은 대책이 없다. a 끊어도 백d까지 축에 몰린다.

'참고도2' 1이 언뜻 보아 급소인 듯하지만, 그러나 틀린 급소다. 흑은 좌하귀는 뒷전으로 밀고 중앙 백 공격에 먼저 나선다. 이리 되면 순식간에 형세는 역전이다. 공수(攻守)의 뒤바뀜은 형세의 역전과 다름없다.

바둑엔 참는 것도 힘이다. 탕웨이싱의 59가 그것. 빈삼각의 고약한 형태지만 그래도 버텨야 한다. 버틸 때 제일 중요한 조건은 중앙으로 머리를 내미는 것. 중앙은 사면 이 트인 세상이니 변화가 많이 남겨진 세상이라고 할 수 있다. 변화를 기다려야 한다. 곤마가 2개면 힘겹다. 이제 흑은 곤마가 셋. 물론 살릴 수야 있다.

문용직. 중앙일보. 2014년 5월 23일.

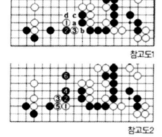

참고도1

참고도2

　　기보 게재는 신문기전과 프로기사 사이를 연결하는 대국료 시스템을 만들어 내는 역할도 하게 되었고, 프로기사들이 국제 무대에서 뛰어난 성적을 거둘 때마다 독자들에게 강한 인상을 주기도 했다. 신문기전의 활성화는 프로기사라는 직업을 매력적으로 만들어 이창호와 같은 소년 고수를 배출함으로써 전국적으로 수많은 어린이가 바둑을 배우고 프로기사를 꿈꾸는 데 영향을 미치기도 하였다.

　　신문에 바둑이 처음으로 다루어진 것은 1914년 10월 13일 자 매일신보(총 4면)의 사활묘수풀이이다. 묘수풀이 문제를 수록한 중국의 고전 『현현기경(玄玄棋経)』에 나오는 '명황유월궁세(明皇遊月宮勢)'라는 묘수풀이를 시작으로 약 1년간 연재되었는데, 신문에서 바둑의 묘수풀이를 실었다는 것은 독자들에게 바둑의 가치에 대한 인식을 새롭게 해주는 계기가 되는 것으로 바둑의 대중화와 관련해서 매우 의미 있는 일이었다.

　　매일신보에 바둑판 그림이 처음 등장하게 되면서 기전으로 발전하기 시작하였고, 1930년대에 접어들자 일반 독자들의 바둑 열기에 맞추어 각 신문들은 경쟁적으로 지면을 할애하기 시작하였다. 1937년에는 전조선 위기선수권대회가 동아일보 주최로 열렸으며, 연합신문이 창간되면서 1948년에 연합신문 주최의 제1회 전국위기선수권대회가 개최되었다. 바둑이 더욱 대중화되면서 신문들의 역할은 계속해서 커져 가게 되었으며, 단순한 기보 게재뿐 아니라 관전기(観戦記)를 함께 싣게 되면서 신문의 바둑란과 한국 기전 역사는 분리해서 생각할 수 없게 되었다.

메이저급 종합 일간지들의 신문 문화면에는 바둑이 필수 고정란으로 자리를 잡게 되었다. 가장 먼저 조선일보가 1954년 승단전 기보를 8년간 연재하기 시작하였고, 동아일보는 1956년 국내 최초의 본격 타이틀전인 국수(国手)전을 개최하여 지금까지 국내 정통기전으로 자리 잡고 있다. 이후 중앙일보는 왕위전, 연합신문은 당대 최강 기사들 간의 치수고치기 10번기, 세계일보는 위기국수순위전, 경향신문은 제1회 왕좌(王座)전, 서울신문은 5강전을 출범시켰고, 자유신문과 한국일보는 각각 제1회 전국위기전과 제1회 전국아마추어 바둑선수권대회 기보를 게재하면서 신문사들 사이에 대국 결과를 사진과 함께 매일 보도하면서 경쟁하기 시작하였다. 이처럼 50년대 신문사들의 본격화된 기전 경쟁은 지방지로까지 확산되었다. 국제신보는 지방 신문 최초로 서울과 부산의 유단자 단체시범대국 개최를 통해 기보를 게재하였고, 부산일보는 정통기전인 최고위(最高位)전을 창설하면서 특히 부산 지역에서 치열한 양상을 보였다.

🐾 읽어보기

한국 바둑의 살아 숨 쉬는 역사, 국수전

제1기 국수전 예선대국 모습

국수전은 1955년 11월부터 5개월간 '국수승발전(勝拔戰)'의 워밍업을 거쳐 1956년 4월 출범했다. 프로기사들로 제한하는 출전 자격, 예선 리그에 이은 리그전, 총 호선에 공제(당시 4집 반) 방식 등 모든 것이 현대 바둑의 골격을 갖추고 있었다. 마침 1955년 6월부터 최초의 프로 입단대회가 시작돼 타이밍도 최적이었다. 그때도 대국 장소는 한국기원이었고, 그런 역사가 50년 넘게 이어져 오고 있다. 쉼 없는 역사와 전통, 교범적인 운영 방식은 필연적으로 당대 최고 기사들의 국수 등극이란 결과로 나타났다. 바꿔 말해 역대 국수전 우승자는 그 시대의 1인자를 의미했다. 한국 바둑의 대명사적 존재였던 조남철은 1기 우승을 시작으로 9기까지 연패(連覇)를 달성하였고, 10기 국수전에서 김인에게 1 대 3으로 패하면서 한국 바둑에도 역사적 세대 교체가 이루어졌다.
김인은 10기부터 15기까지 6연속 우승을 기록하며 김인시대를 구가하였고, 그 뒤를 이어 윤기현(16 ~17기), 하찬석(18~19기)이 국수 대열에 이름을 올렸다. 다시 기린아 조훈현이 20기부터 10기 연패(連覇)를 달성하여 국수 아성을 접수하게 되었다. 초창기 국수전 우승자들은 예외 없이 일본 유학파들이었으나 서봉수가 처음으로 그 전통을 깨며 '순 국산 국수'로 등장하였고, 이후 이창호가 1990년 첫 우승을 기점으로 통산 9회에 걸쳐 국수위를 손에 넣었다. 2000년 우승한 루이나이웨이(芮乃偉)는 타이틀전 사상 최초의 외국인, 최초의 여성이란 타이틀까지 추가로 얻었다. 이후 최철한, 윤준상, 이세돌, 조한승에 이르기까지 국수전 반세기에 우승자로 이름을 올린 기사는 총 12명에 불과하다.

이홍렬. 한국 棋戰 변천사. 2009.

　바둑에 대한 전 국민적 관심이 반영된 일례로, 1967년 동아일보 지면에 바둑알이 하나도 놓이지 않은 백지 기보가 실렸던 사건이 있었다. 이것은 그다음 날로 예정되어 있던 제2기 국수1위전 실황을 KBS 라디오로 전달하고, 독자들은 그 좌표를 받아 백지 기보에 채우도록 한 서비스였다. 또한 초속기로 두어진 국제전화대국도 있었다. 1976년 한국일보 정문에 14m의 전화대국 대형 속보판이 설치되었다. 당시 일본의 조치훈 7단과 한국의 서봉수 4단이 국제전화를 통해 이벤트 대국을 진행하였고, 대형 바둑판 앞으로

200여 명이 넘는 팬들이 모여 전화로 전달되는 다음의 한 수를 지켜보았던 사건도 있었다.

1968년 13기 국수전 도전기는 동아일보 사옥 앞에 대형 바둑판을 설치하여
야외 중계를 진행하였다.

이홍렬. 한국 棋戰 변천사. 2009.

이처럼 그동안 한국 바둑의 맥은 신문기전과 함께 해왔는데, 1990년대로 들어와 신문사 중심의 타이틀전이 기업과 제휴하는 양상을 띠게 되었다. 바둑이 대중에게 인기 있다는 점에서 기업들은 기전을 열어 회사의 홍보를 하려 하고, 신문사에서는 막대한 예산을 들일 필요 없이 기보를 실을 수 있다는 점에서 이 새로운 스폰서 제도가 도입되었다. 동아제약이 천원(天元)전을 창설하면서 민간기업 주도 시대를 열게 되었다. 동아제약은 박카스라는 유명 제품의 이름을 기전 명칭으로 사용하는 획기적 전환점이 되었으며, 특히 박영훈, 송태곤 등의 젊은 기사들이 천원전 우승 후 박카스의 광고 모델로 등장하기도 했다.

신문사에서 주최하고 기업에서 후원하는 대회는 계속해서 증가하면서 현재 '하이원리조트배 명인전(한국일보), 국수전(동아일보), 박카스배 천원전(스포츠조선), 원익배 십단전(경향신문), GS칼텍스배(매일경제신문), STX배 여류명인전(매일신문), 가그린배 여류국수전(한국경제신문), LG배 세계기왕전(조선일보), 삼성화재배 월드바둑마스터즈(중앙일보), 농심신라면배 세계바둑최강전(일간스포츠), 박카스배 한중천원전(스포츠조선)' 등의 대회는 해당 신문 지면에 해설과 함께 대국 내용을 국민들에게 제공하면서 프로바둑

마케팅과 홍보에 큰 역할을 해 오고 있다.

새로운 스폰서 제도를 도입한 '동아제약의 천원(天元)전'

　이러한 과정을 거치면서 기전은 대형화되었고, 우승 상금의 규모도 증가하면서 바둑계 발전에 기여하고 있다. 신문에는 관전기 외에도 바둑뉴스를 다루며, 1주일에 한 번 정도 특집 기사를 다루는 신문이 늘어나게 되면서 바둑계 소식, 화제국의 특정 장면 소개, 기사의 기풍 등을 비중 있게 다루기 시작하였다.

　한국 바둑이 세계를 제패하면서 전국적으로 바둑 붐이 일어나게 되었고, 이것에 편승해 1990년부터 주간 형태의 바둑 전문지가 7~8번 정도 출간되기도 했다. 우리나라 최초의 바둑 주간지는 1992년에 창간된 주간 『바둑신문』이다. 주간 『바둑신문』은 바둑계의 속보를 중점적으로 보도했으나 월 4회 발행으로 인한 제작비 부담과 정기 독자 확보에 실패하게 되었다. 간행된 지 1년여 만에 휴간 상태에 들어가게 되었고, 몇 개월 뒤 재개되었으나 결국 열악한 재정으로 인해 문을 닫게 되었다.

1996년에 두 번째 바둑 주간지인 주간 『바둑361』이 창간되었다. 이 주간지는 화제의 대국 취재 기사 및 해설, 국내외 바둑 소식, 각계 저명인사의 바둑 인생과 바둑 철학, 강철수 연재 바둑만화 '만패불청', 조훈현과의 대화, 서봉수의 석점 바둑의 모든 것, 실명 바둑 소설 차민수 등 다양한 기획을 시도하였지만, 정기 독자 확보에 실패하면서 2년 만에 폐간하게 되었다.

바둑주간지

1997년에 세 번째 바둑 주간지인 주간 『세계바둑』이 창간되었다. 주간 『세계바둑』은 바둑계 소식과 함께 연예계 화제 등을 100여 페이지에 달하는 지면에 담으면서 화제가 되기도 했지만, 제작비에 대한 부담과 IMF의 여파로 창간한 지 6개월여 만에 폐간하게 되었다. 2007년 오로미디어에서 발행한 주간 『바둑신문』은 바둑계의 이슈 진단과 화제 국, 강좌, 바둑역사소설, 유럽 바둑 소식, 만화 등을 중점적으로 다루면서 과거의 주간지와 같이 실패하지 않기 위해 오랜 시간 준비한 끝에 야심차게 시작을 하였지만 결국 몇 년 뒤 폐간을 끝으로 아직까지 바둑 주간지는 발행되지 않고 있다.

(2) 바둑 시사용어

바둑은 사회의 새로운 커뮤니케이션 도구인 매스미디어와 밀접한 관계를 맺고 있다. 바둑에 관한 정보는 신문, 라디오, 텔레비전, 잡지, 컴퓨터 등의 다양한 매스미디어를 통하여 폭넓고 신속하게 사회 전반에 확산되고 있다. 그동안 특정 계층이 향유했던 바둑문화는 대중매체에 의하여 전달되고 확산되면서 보편적이고 일반적인 바둑문화로 자리하게 되었다. 바둑은 공영방송이나 신문에서 가치 있는 하나의 문화로 다루어지면서 자연스럽게 국민들의 의식 속에 친숙하고 가치 있는 문화라는 관념이 자리 잡게 되었다.

매스미디어를 통해 바둑이 전국적으로 전파되면서 언론에서는 상당수의 바둑 전문용어를 시사적인 용어로 차용(借用)함으로써 바둑은 우리 사회의 언어에도 영향을 미치게되었다. 매스미디어에서 사회현상을 묘사하는 시사용어로 포석, 자충수, 대마불사, 수순, 초읽기 등과 같은 바둑 전문용어를 빌어다 쓰고 있다.

바둑의 용어 중에는 독특하고 함축적 의미를 지니고 있는 용어가 있어서 그것이 바둑용어라는 것을 의식하지 못한 채 일상어에 사용되는 것들이 많다. 상당수는 신문이나 잡지 등 대중매체를 중심으로 활발하게 사용되고 있으며, 특히 정치나 스포츠와 같이 전투적 성격이 짙은 분야에서는 상황을 표현하기에 더할 수 없이 적절하기 때문에 바둑용어는 빛을 발하기도 한다. 다음은 대중매체에서 활용되고 있는 바둑용어의 사례이다.

- CJ의 삼성생명 지분 매각 '**묘수**', 곰곰이 따져 보면 CJ그룹의 결정은 '나쁜 선택'이 아닌 '**묘수**'일 수 있다. [아시아경제 2011-09-05]

- 퍼거슨 감독의 **묘수**가 필요한 맨체스터Utd. 맨체스터 유나이티드만의 장점을 되찾기 위해서는 퍼거슨 감독의 **묘수**가 더욱 필요해진 상황이다. [베스트일레븐 2011-02-24]

- 오바마, 일자리 대책 재선 **승부수** 될까?, 미국이 재정 위기 등 경제난에 시달리는 가운데, 버락 오바마 대통령이 일자리 대책을 발표하며 **승부수**를 띄웠다. [헤럴드경제 2011-09-10]

- 오세훈, 3대 악재에 궁지…'꽃**놀이패**냐, **자충수**냐', 오 시장의 정치적 **승부수**가 **꽃놀이패**와 **자충수** 중 하나로 귀결될 가능성이 커진 셈이다. [시사오늘 2011-07-23]

- 삼성 '경영권 승계' 신호탄? …에버랜드 지분 매각, 삼성카드가 에버랜드 지분을 팔면 기형적이라는 비판을 받아 왔던, 순환출자 구조는 깨지게 됩니다. 지분 매각은 예정된 **수순**이었습니다. [MBC뉴스 2011-09-14]

- [현대-北 5개항 합의] 파격적 '귀환 보따리'… 당국 회담 이어질듯, 김 위원장은 남북관계 경색의 상징처럼 자리 잡았던 통행 제한을 풀어 주는 통 큰 선물을 남측에 보내면서 **응수타진**을 엿본 것이라는 얘기다. [한국일보 2009-08-17]

美 유력신문 줄줄이 매각… 종이매체 승부수는 결국 콘텐츠

신문에서 활용되고 있는 바둑용어의 사례

바둑 자체가 매우 복잡한 두뇌 게임으로 그 복잡한 상황을 한마디로 표현해 주는 것이 바둑용어인 만큼 정치, 경제, 스포츠 같은 분야의 다양한 사건과 상황이 실타래처럼 얽혀 있다 하더라도 하나의 바둑용어로 명쾌하게 표현해 낼 수 있다. 바둑용어를 사용하면 일어난 사건을 사실 그대로 전하는 듯한 어조를 취하면서도 주관적인 생각을 담아낼 수 있다. 따라서 바둑용어는 사건을 있는 그대로 보도할 때보다는 기자의 해석과 해설이 포함된 기사에서 자주 차용되고 있다.

이러한 이유로 바둑용어를 매스미디어에서는 사회현상을 묘사하는 시사용어로 강수, 묘수, 승부수, 꽃놀이패, 자충수, 수순, 응수타진 등과 같은 바둑 전문용어를 빌어다 쓰고 있고, 학자나 언론인의 경우에도 어떤 현상을 논할 때 바둑에 빗대어 표현하는 경우가 많다.

이와 같이 매스미디어에서 상당히 많은 바둑용어를 차용하고 있다는 것은 바둑을 모르더라도 사회 구성원들이 용어를 이해하고 사용하는 데 거부감이 없다는 것으로, 바둑용어가 비유적이면서도 간결하게 의미를 전달하는 데 효과적이라고 할 수 있다. 또한 사회적 현상을 완곡하게 설명하는 데 적절하며, 그만큼 우리 사회가 바둑 친화적인 문화임을 나타낸다고도 볼 수 있다.

IOC 잇단 자충수 '김연아 판정 논란'에 기름

국제올림픽위원회(IOC)가 잇단 자충수로 '김연아 논란'을 더욱 확산시키고 있다. 있지도 않은 김연아 인터뷰를 자의 적으로 공개했다 삭제하는가 하면, 뒤늦게 올린 소치 올림 픽 아델리나 소트니코바의 경기 영상에는 네티즌의 비난이 쇄도하면서 안 올리니만 못한 결과를 낳고 있는 것이다.

IOC는 지난 6일 홈페이지에 '김연아가 패배를 인정했다'는 취지의 인터뷰를 실었다가 항의를 받자 3일 만에 슬그머니 해당 문장을 삭제했다. '유스올림픽(14~18세 선수들이 참 가하는 청소년 올림픽)이 소치 성공을 이끌었다'는 제목으 로 게재된 기사는 "김연아가 소트니코바에게 패한 것을 인 정했다"면서 김연아가 직접 "소트니코바가 좋은 경기를 보 여 줬다. 기술이 매우 좋은 소트니코바를 이기는 것은 어려 운 일"이라고 발언했음을 나타냈다.

이는 명백한 오보다. 대회 결과에 대해 국내 관련 단체가 공식 항의나 제소를 하지 않아 간접적으로 승복을 한 것은 맞지만 김연아 자신이 결과를 100% 수긍한 사실은 없다. 외려 김연아는 귀국 후 기자회견에서 판정에 의문을 나타 낸 바 있다. 러시아 밖 언론과 전문가, 피겨 팬들이 모두 소트니코바의 '가산점 퍼주기'에 의혹을 제기하고 있는 시점 에서 김연아가 패배를 인정하는 발언을 할 리 없다.

(…중략…) 대한빙상연맹이 입을 다물고 있는 한 이 같은 논란이 구체적인 행동 변화로 이어지진 않을 것이다. 하지 만 IOC가 나서서 논란에 불을 붙이는 상황이라면 2014년 소치올림픽 피겨 여자 싱글은 영원히 판정 논란으로 얼룩 진 경기로 남을 것이다. 모두에게 축복을 받아야 할 소트니코바 역시 '논란의 금메달'이란 주홍글씨를 안고 살아야 하는 운명임은 명백하다.

스포츠조선닷컴. 2014년 3월 10일.

3) 바둑잡지

(1) 잡지와 바둑

한국 바둑잡지사는 월간 『바둑』이 우리나라 바둑계의 대표 정론지로 확고부동하게 자리 잡기까지 10여 종의 바둑잡지들이 창간과 휴간, 폐간을 되풀이해 왔다. 바둑전문잡지는 신문에 비해 지면이 많기 때문에 다양한 내용을 다룰 수 있다. 프로기사의 기보와 해설을 중심으로 바둑뉴스, 화제국 분석과 사이드 스토리, 바둑소설, 바둑역사와 문화, 아마추어 실전보, 바둑강좌, 기력 테스트, 기우회 소개, 에세이, 만화 등 다양한 소재가 들어 있다. 비록 바둑전문잡지들이 수차례 창간과 폐간을 거듭하긴 했지만, 이것들은 많은 바둑팬에게 바둑에 관한 다양한 소재를 제공하는 역할을 했다고 볼 수 있다.

한국의 대표 바둑 정론지 월간 『바둑』

우리나라 바둑잡지의 효시는 『기원(棋苑)』이다. 1964년 육민사에서 『기원(棋苑)』(7월호)이라는 바둑 월간지를 최초로 펴냈다. 당시의 상황으로 보면 바둑에 대한 대중의 인식이 부족한 상황이었기 때문에 『기원』을 창간한다는 것은 크나큰 모험이었다. 그러나 이러한 우려에도 불구하고 창간호 1만 부가 매진 사례를 기록하게 되면서 당시 출판계의 화제가 되기도 했다.

독자들의 많은 사랑을 받았던 『기원』은 1965년 1월 경우당(景友堂)에서 발행하는 『바둑』이 창간되면서 위기에 직면하게 되었다. 바둑 인구가 많지 않은 상황에서 두 잡지의 발행은 원고료와 제작비 등의 재정적 어려움을 가져오게 되었고, 이 두 잡지는 통합이라는 자구책을 내놓았지만 결국 폐간하게 되었다. 1966년 11월 『바둑세계』라는 잡지가 창간하게 되었지만 1년 남짓 발행되다가 폐간되었다.

그 후 프로기사들의 분규로 1970대 중반에 월간 『기도』지가 출간된 적이 있었는데 1년 정도 발간하다가 기원 통합이 이루어지면서 종간되었다. 한동안 바둑잡지의 발간이 멈췄다가 (재)한국기원이 바둑 보급에 박차를 가하고자 1989년 초・중급자를 대상으로 한 『바둑생활』, 1997년 『바둑가이드』를 발행하였지만 역시 폐간되었다. 그사이 바둑을 전문적으로 다루는 주간지가 수차례 생겨났지만 종간되었다. 『바둑뉴스』와 『바둑361』지가 수년씩 발행되다가 운영난으로 폐간되었고, 『세계바둑』이라는 잡지도 나왔지만 폐간되면서 독자들의 신뢰를 무너뜨리기도 했다.

(2) 월간 『바둑』

한국 바둑계 발전에 월간 『바둑』은 지대한 영향을 끼쳤다고 볼 수 있다. 1967년 8월 호로 『기계(棋界)』라는 이름으로 창간되었고, 2년 후인 1969년 8월 호부터는 순 한글인 『바둑』으로 제명을 바꾸었다. (재)한국기원이 단 한 번의 결호나 합병호 없이 48년 동안 매달 발행하고 있는 월간 『바둑』은 우리나라를 대표하는 바둑 정론지이다.

바둑 보급을 창간 목표로 내세운 월간 『바둑』은 '상보, 강좌, 인물·문화, 심층 인터뷰, 권말부록' 등 바둑 관련 심층 보도를 통해 독자들의 기호에 맞게 구성하였고, 자연스럽게 바둑 인구의 확대로 이어졌다. 그 당시에는 바둑문화에 대한 인식이 형편없는 수준이었지만, 지속적으로 바둑 소식과 문화, 역사적인 면들을 보도하면서 비약적으로 발전하는 데 큰 역할을 하게 되었다.

(좌) 1967년 8월 호 『기계』라는 이름으로 창간했다.
(우) 2009년 3월 호. 창간호를 낸 지 41년 7개월 만에 통권 500호를 발간했다.

월간『바둑』은 1967년 창간호부터 매진 사례를 기록하며 바둑팬들의 폭발적인 관심과 인기를 끌었다. 1980년 조치훈 9단이 일본에서 명인(名人) 타이틀을 획득했을 때는 초판 품절로 인해 재판(再版)까지 찍게 되었고, 조훈현 9단이 응씨배에서 우승했을 때도 매진 사례를 기록하였다. 동양증권배와 후지쯔배 등 세계 대회에서 좋은 성적을 거두면서 월간『바둑』의 판매 부수도 급상승하면서 1990년대 바둑팬들의 폭발적인 관심과 인기를 끌었다.

월간『바둑』은 2008년 11월 3일 제43회 잡지의 날 행사에서 우리나라 바둑잡지로는 최초로 문화체육관광부로부터 '우수 잡지'로 선정되기도 했으며, 2009년 3월 호에 통권 500호를 맞이하게 되었다. 우리나라의 월간지 중에서 통권 500호를 넘긴 잡지는 30여 개에 불과하기 때문에 이 사건은 우리 바둑계는 물론이고 한국 잡지사적으로도 한 획을 긋는 경사스러운 일이라 할 수 있다.

이러한 월간『바둑』은 한국 바둑계 발전과 한국의 바둑문화 보급에 지대한 영향을 끼쳤다. 월간『바둑』은 기보 해설과 바둑 소식, 바둑 역사, 문화에 대한 내용을 지속적으로 독자들에게 전달하면서 기력 향상과 바둑문화에 대한 인식 확대를 통해 바둑 인구 증대에 기여하였다. 특히 1970년대까지만 해도 독자들은 '단수'나 '환격'이 아닌 '아다리', '우데카시'라는 일본 바둑용어를 사용하였지만, 월간『바둑』이 활자 매체의 이점을 최대한 활용하여 오랜 시간 동안 노력한 결과 바둑용어의 정립과 순화를 가능하게 하였다.

올해의 우수잡지 '월간 바둑' 선정

재단법인 한국기원이 발행하는 월간『바둑』(발행인 허동수)이 문화체육관광부가 선정한 '올해의 우수잡지'로 뽑혔다.

11월 3일 서울 여의도 중소기업중앙회 2층 국제회의장에서 열린 제43회 잡지의 날 기념식에서 월간『바둑』을 비롯한 10개 잡지가 제17회 우수잡지상을 수상했다. 이날 시상식에서는 이밖에 정부포상자 14명에 대한 시상식과 잡지인이 선정한 '2008년 올해의 인물'인 가수 김장훈에 대한 시상, 2008 대한민국 잡지광고상 등의 시상도 함께 열렸다.

우수잡지 선정은 이정춘 위원장(중앙대 명예교수) 외 5명의 심사위원이 비공개 방식으로 진행됐으며 디자인·기사내용·발행부수·잡지경력·전반적인 잡지 질 등을 심사한 결과다.

월간『바둑』은 지난 67년 월간『기계(棋界)』라는 이름으로 창간(8월호)해 2년 뒤인 69년 8월호부터 제호를 지금의 '바둑'으로 바꿔 지금까지 42년(통권 496호) 동안 발행하고 있는 우리나라를 대표하는 바둑정론지이다. 창간 40주년 기념호(2007년 8월호)부터 상보, 강좌, 인물/문화, 정보/참여, 권말부록 등 섹션화를 표방한 월간『바둑』은 심층인터뷰, 핫이슈 토론, 특집기사, 르포기사 등 심층보도로 타 잡지와 차별화를 이루며 바둑계 발전에 이바지 하고 있다.

(3) 해외 바둑잡지

일본에서는 일본기원에서 월간바둑세계(月刊碁ワールド)를 발행하고 있다. 월간바둑세계는 바둑계 뉴스, 기보 해설, 프로기사 소개, 기력 검사 문제, 만화, 사활 문제 등의 내용을 수록하고 있으며 e-Book으로도 제작되고 있다.

중국에서는 1985년부터 바둑천지(囲棋天地)가 발행되고 있으며, 2003년부터 한 달에 두 번씩 발행되고 있다. 특히 2002년부터는 어린이를 위한 바둑잡지 어린이바둑(少儿囲棋)이 한 달에 두 번씩 발행되고 있다.

독일에서 발행하고 있는 바둑잡지 Deutsche Go-Zeitung(DGoZ)은 1년에 6회 발간되고 있다. 잡지는 국내외 바둑 이벤트에 대한 정보, 프로기사·아마추어 바둑기사의 기보 해설, 문제 풀이, 바둑계의 다양한 소식 등으로 구성되어 있으며, 독일바둑협회에 회원 가입을 한 회원들에게 배부되고 있다.

이 외에 미국에서는 온라인 바둑잡지인 American E-Journal을 전자우편과 미국바둑협회홈페이지를 통해 1주일에 2~3회 제공하고 있다. 'Go spotted'라는 연재 기사는 영화, 드라마, 광고, 신문 등의 미디어에 나오는 다양한 바둑을 소개하고 있다.

학습활동

■ **활동 1** ■ 바둑 시사용어   **ACTIVITY**

우리 사회에서는 바둑 전문용어를 시사적인 용어로 차용하는 경우가 많다. 매스미디어에서 사회현상을 묘사하는 바둑용어를 찾아보고 이를 발표해 보자.

■ **활동 2** ■ 월간 『바둑』의 발전 방안   **ACTIVITY**

우리나라를 대표하는 바둑 정론지 월간 『바둑』을 더욱 발전시키기 위한 방안에 대해 이야기해 보자.

3. 바둑과 방송

▋ 학습목표	1. 바둑방송의 발달사를 설명할 수 있다.
	2. 바둑과 영상 미디어의 관계를 설명할 수 있다.
	3. 전문바둑채널을 설명할 수 있다.

학습내용

오늘날의 한국 바둑문화는 대중매체에 의하여 전달되고 확산되면서 지금과 같은 바둑문화로 자리하게 되었다. 바둑방송의 발달사를 살펴보고, 바둑과 영상 미디어의 관계에 대해 알아보자.

1) 바둑방송의 발달

바둑은 공영방송이나 신문에서 가치 있는 하나의 문화로 다루어지면서 자연스럽게 대중들의 의식 속에 친숙하고 가치 있는 문화라는 관념이 자리 잡게 되었다. 초기에는 신문이, 후기에는 방송이라는 매스미디어의 영향으로 바둑을 널리 확산시키고 결과적으로 바둑을 제도화하는 데에 큰 도움이 된 것이다.

과거 시장에서 독보적인 존재였던 바둑잡지와 같은 인쇄 매체는 TV와 인터넷 등의 멀티미디어 매체들이 등장하게 되면서 갈수록 고전을 면치 못하게 되었다. 방송 매체는 대중들에게 실전대국의 생생한 모습을 전달하는 기능을 하였다. 프로기사들의 대국 모습, 바둑수의 변화 등을 해설자가 소개해 주는 전달 방식은 문자 매체와는 또 다른 느낌을 주었다.

이처럼 시대적으로 점점 신문이 TV 영상 매체를 따라가기 힘든 구조적 문제에 봉착하게 되었고 바둑문화 역시 영향을 받게 되었다. 대국 당일 기보의 경우도 TV 해설이나 인터넷에 상세하게 소개되기 때문에 신문에 실리고 있는 기보의 가독성이 떨어지게 되었다. 따라서 점차 전통 신문기전이 사라져 가고, 방송기전이 새롭게 창설되고 있다.

1959년에 KBS TV가 개국한 후 바둑에 관한 프로그램을 10분 정도 방영하다가 1964

년부터 <TV 기원>이란 프로그램을 매주 월요일 밤 10시 40분부터 50분간 고정 편성하면서 시청자들에게 큰 환영을 받았다. 1971년 10월 MBC에서는 <일요기원>이라는 프로그램을 통해 한국 기사와 일본 기사의 특별대국, 프로와 아마추어의 지도대국 등 약 2년간 다양한 모습을 보여 주었다.

1973년에 우리나라 최초의 방송기전인 <MBC배 쟁탈전>이 신설되었는데, <MBC 국기전>으로 명칭을 바꾸어 진행하다 폐지되었다. 당시 민영방송이었던 TBC는 1975년에 초속기 기전인 <TBC왕위전>을 신설하여 인기를 누렸지만 지속되지 못하다가 1980년 방송 통폐합으로 TBC는 KBS2 채널로 바뀌게 되었다.

MBC와 TBC의 기전은 중단되었지만 그 시기에 각각 <조남철 바둑교실>, <김수영 명국해설>이라는 강좌 프로그램을 일요일 아침에 편성하였다. 최초의 TV 바둑 프로그램을 편성했던 KBS는 <신춘특별대국> 프로그램을 통해 매년 초 국내 정상급 기사들을 초청해 오다가 1979년 <KBS바둑왕전>이라는 본격 타이틀전을 신설해 정규 프로그램으로 현재까지 방영해 오고 있다.

KBS바둑왕전

1991년 개국한 신설 민영방송 SBS는 1992년부터 약 5년 동안 <SBS배 연승바둑최강전>을 개최하였고, 1993년 <진로배 세계바둑최강전>을 창설하여 최초의 국가 대항 단체전을 진행하였다. 한국교육방송공사 EBS는 1994년 <EBS배 여류프로기전>을 개최했고, 교육방송 개국과 동시에 방송을 시작한 양상국 9단의 <EBS바둑교실>은 단 한 번의 결방이나 해설기사 교체 없이 2010년 4월 방송 1,000회를 맞이해 오다가 프로그램 개편에 따라 2014년 2월 23일 1,203회를 끝으로 종영되었다.

TV 방송은 중요한 다른 대국을 생중계하는 역할도 했다. 응씨배, 동양증권배, 삼성화재배 등 국제기전의 주요 대국을 장시간 생방송하는 경우가 많았다. 진로배는 국제기전의 기보를 정규적으로 프로그램화하기도 했다. 이러한 방송 매체의 바둑 프로그램은 바둑 보급에 큰 도움이 되었다. 그 밖에 지역 케이블 방송에서 바둑 프로그램을 제작하여 방영하는 등 공중파 방송 3사의 기전을 중심으로 매스컴 바둑 전성시대를 맞이하기도 하였다.

1980년대부터 바둑 기사는 공중파 TV에서 주요 뉴스로 다루어지기 시작하였다. 조치훈 9단이 일본에서 83년 대삼관(大三冠)을 달성하는 등 일본 바둑계에서 활약을 펼치자 KBS와 MBC는 주요 타이틀전 대국의 승패 결과와 대국 해설을 메인 뉴스나 심야 뉴스를 통해 자세히 보도하였다.

바둑뉴스에 대한 관심은 1989년 조훈현 9단이 제1회 응씨배(应氏盃) 세계프로바둑선수권대회 우승으로 한국 바둑이 세계를 제패했을 때 최고조에 도달하였다. 조훈현 9단이 우승하고 귀국했을 때 김포공항에서 한국기원이 있는 서울 종로구 관철동까지 바둑 기사로는 처음으로 카퍼레이드까지 펼쳐지면서 국민적 영웅 대접을 받았다. 귀국 기념 카퍼레이드 사진은 일간지 1면을 장식하였고, 국민적 관심과 국가적 협조는 절정을 이루었다. 한편, 90년대 중반 이후부터 이창호 9단이 국내의 각종 대회 우승과 세계바둑선수권대회만으로도 무려 23회 우승을 차지하며 세계 바둑 일인자로 등극하게 되면서 세계 대회 우승의 희소성은 점점 떨어지게 되었고, 자연히 바둑뉴스는 단발성 보도에 그치는 경우가 많아지게 되었다.

'EBS바둑교실' 25년 만에 돌 던진다

지난 25년간 이어 온 장수 바둑 프로그램 'EBS바둑교실'의 '훈장 선생님' 양상국 9단의 명강의를 다음 달부터 들을 수 없을 것 같다. 프로그램 개편에 따라 23일 방영될 1,203회를 끝으로 종영할 예정인 것으로 알려졌다.

1989년 12월 EBS 개국과 함께 시작한 EBS바둑교실은 공중파 바둑 프로그램의 산 역사다. 그 후 25년 동안 줄곧 양상국 9단이 프로그램 진행을 맡아 일요일마다 구수한 입담으로 바둑팬들을 TV 앞으로 가까이 다가오게 만들었다. 장수 프로그램으로 유명한 전국노래자랑의 송해나 가요무대의 김동건 아나운서 못지않은 대기록이다.

바둑 프로그램은 1990년대가 전성기였다. KBS, MBC, SBS, EBS 등 공중파 방송사들이 앞다퉈 바둑 프로그램을 제작, 방영했고 양상국, 노영하, 윤기현, 유건재 등 인기 프로기사들이 독특한 캐릭터로 바둑팬을 즐겁게 했다. 2000년대에 접어들면서 바둑 프로그램이 하나둘씩 사라지면서 윤기현, 노영하 등 1세대 방송 해설자들도 차례로 하차했고, 드디어 마지막까지 방송 현장을 지켰던 양 9단마저 브라운관을 떠나게 된 것이다.

1,203회를 이어 오면서 어려운 고비도 많았다. 가깝게는 2010년 1,000회를 기록할 무렵 프로그램이 없어질 위기를 맞았다가 간신히 부활, EBS 플러스 2로 자리를 옮겨 지금까지 계속됐다. 양 9단은 4반세기 동안 숱한 애환이 서린 'TV바둑서당'을 떠나는 아쉬움을 달래며 '회자정리 거자필반'(會者定離 去者必返·만나는 사람은 반드시 헤어지고, 떠난 사람은 반드시 돌아온다)이라는 사자성어를 1,203회 방송분 클로징멘트로 선택했다.

박영철. 한국일보. 2014년 2월 14일.

그러나 2000년대에 와서 이창호 1인 독제 체제를 무너뜨리는 천재기사 이세돌 9단이 등장하게 되면서 프로기사의 인기가 바둑계를 넘어 사회 전체로 확산되게 되었다. 대중적 인기에 힘입어 수많은 팬을 보유하게 되었고, 2003년 12월부터 바둑 전문 케이블 방송 바둑TV에서 <생생 바둑 한게임>이라는 생방송 프로그램을 진행하게 되었다. 이세돌

9단의 인기가 계속되자 공중파 방송에서도 섭외되어 MBC의 <브레인 서바이벌>, KBS의 <스펀지>, SBS의 <도전 1,000곡>에까지 출연하게 되었다. 바둑이 시청자의 인기를 끌자 KBS에서는 <KBS바둑축제>라는 이벤트를 벌여 하루 종일 바둑 대회를 중계하는 프로그램을 방영하기도 했다.

KBS바둑축제

최근 2010년 아시안게임 바둑 종목에서 혼성 페어와 여자 단체전에서 금메달을 획득한 이슬아 3단 역시 아시안게임 한국대표팀 5대 얼짱으로 소개되면서 바둑 요정으로 일약 스타로 떠오름과 동시에 활발한 활동을 하고 있다. 이슬아 3단은 매니지먼트와 계약을 맺고 SBS와 MBC 아침 방송 프로그램, KBS 퀴즈 프로 등 각종 예체능 프로그램, MBC <댄싱 위드 더 스타>에도 출연, 최근에는 광고 모델로까지 등장하게 되면서 바둑 팬뿐만 아니라 바둑을 모르는 팬들에게 바둑을 홍보하는 역할을 하고 있다.

한편, 방송에서 바둑 전문 케이블 방송의 '바둑TV'와 위성 방송의 '한국바둑방송'의 역할은 계속해서 중요해지고 있다. 이 두 채널은 바둑을 아이템으로 하는 방송 기업으로, 바둑 애호가들에게 다양한 바둑 프로그램 시청을 가능하게 하면서 상당한 인기를 얻고 있다. 특히 바둑 방송은 세계적으로 유례없는 것으로 한국 바둑의 위상을 끌어올리는데 커다란 역할을 해 오고 있다. 공영방송에서는 전문 바둑 채널이 등장하자 바둑 프로그램을 중단해 버렸고, 그 공간을 전문 바둑 채널에서 다양한 프로그램을 기획하여 바둑 팬들에게 제공해 오고 있다.

본격적인 바둑 방송의 시대가 열리게 되면서 TV라는 매체의 특성에 맞도록 기전의 룰 변형과 대국 방식이 개발되고 있으며, 프로기사의 대국을 TV를 통해 실시간으로 시청하게 되면서 바둑팬들은 스포츠 경기를 관전하는 것과 유사한 새로운 재미를 느낄 수 있게 되었다. 24시간 바둑 프로그램을 방영하는 바둑TV의 등장은 바둑팬의 전반적 기력 향상에 이바지함과 동시에 바둑시장의 저변이 넓어지게 되면서 새로운 보급 잠재력을 키울 수 있는 기회를 제공하게 되었다. 정상급 프로기사들이 TV 화면에 자주 노출됨과 동시에 시청자들에게 친근하게 다가서는 캐릭터로 부각되면서 바둑의 산업화와 기사의 스타화 가능성이 제기되고 있다.

2) 케이블 방송

바둑TV는 세계 최초의 바둑 전문 방송으로 1995년 12월에 개국하였다. 1995년 첫 시험 방송을 시작으로 매일 4시간 20분씩 방송하던 바둑TV는 1999년 24시간 종일 방송 체제에 돌입하게 되었다.

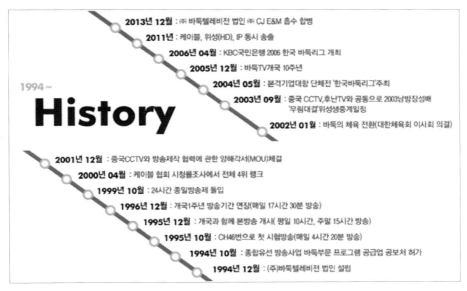

바둑TV 연혁

2004년 본격 기업 대항 단체전 <한국바둑리그>를 주최하게 되었고, 2006년부터 채널 슬로건 '생각의 힘' 캠페인을 펼치고 있다. 2011년부터 케이블, 위성(HD), IPTV에 동시 송출하고 있다. 중국의 CCTV, 일본의 NHK를 비롯하여 각국 주요 매체와의 협력을 통해 프로그램 제작 및 대회 공동 주최를 진행하고 있다. 바둑TV는 24시간 종일 방송을 통하여 연간 1,200편 이상의 프로그램을 자체 제작하고 있으며, 최근에는 생방송 중심의 편성과 주요 대형기전의 주최, 다양한 강좌물과 시청자 참여 프로그램 제작으로 시청자 만족을 위해 노력하고 있다.

바둑TV에서 진행하고 있는 프로그램은 크게 기전 프로그램, 스페셜 프로그램, 강좌 프로그램으로 나눌 수 있다. 기전 프로그램으로는 <지지옥션배 여류 대 시니어 연승대 항전>, <olleh배 바둑 오픈 챔피언십>, <한국물가정보배>, <SG세계물산배 페어바둑 최강전>, <YES24배 고교동문전>, <하이원리조트배 명인전> 등이 있다. 특히 모교의 명예를 걸고 승부를 겨루는 올드보이들의 바둑대잔치 <YES24배 고교동문전>은 해를 거듭할수록 참가를 신청하는 고교 수가 증가하고 있으며, 친구나 선후배들이 수담을 통해 우정과 추억을 나눌 수 있는 장이 되면서 아마추어 바둑팬들에게 큰 인기를 얻고 있다.

바둑TV의 기전 프로그램

스페셜 프로그램으로는 <오늘의 초점국>, <바둑TV 라이브>, <건강백세>, <명국을 찾는 사람들>, <매거진 바둑 플러스>, <수담사랑>, <꿈의 도전> 등이 있다. 바둑TV 최고의 시청률을 자랑하는 <바둑TV 라이브>는 농심배, 삼성화재배, 응씨배, LG배 등 주요 프로대국이 진행되는 날 실시간 방송으로 생중계되어 바둑팬들에게 승부감과 긴장감, 생생한 현장을 함께 전하고 있다. <매거진 바둑 플러스>는 그동안 신문이나 인터넷으로만 볼 수 있었던 바둑계 소식들과 이야기를 전달하는 프로그램으로, 기존의 딱딱한 뉴스나 신문 기사들과는 다르게 한 주 동안 있었던 바둑계의 소식, 프로기사들의 평소 모습이나 대국장 밖에서 일어난 일들 등 그동안 보지 못했던 뒷이야기들을 영상으로 보여주는 즐거운 뉴스로 구성되어 있다.

바둑TV의 스페셜 프로그램

 강좌 프로그램으로는 <초·중·고급맥 X-파일>, <실전파워 5단>, <김효정의 FunFun 바둑>, <入門프로젝트 열려라 바둑>, <애프터스쿨 내일은 바둑왕> 등이 방송되고 있으며 바둑팬들의 기력 향상을 위해 제작되었다. <入門프로젝트 열려라 바둑>은 바둑을 전혀 접해 보지 못한 일반인들이 '단 5일 만에' 바둑을 둘 수 있도록 하는 초급자용 입문 강좌 프로그램으로 초급자가 바둑에 흥미를 가지고 접근할 수 있도록 바둑의 역사, 예절 등 대국 외적인 부분까지 다루고 있다. 특히 <애프터스쿨 내일은 바둑왕>은 어린이들이 바둑에 흥미를 갖게 하고 즐길 수 있도록 하기 위해 개그맨 박준형과 프로기사 박지연이 진행을 맡아 매주 일요일에 방영되고 있다. 서울·경기 지역의 방과후바둑교실 어린이들을 스튜디오로 초청해 놀이와 함께 릴레이로 바둑 대결을 벌이면서 바둑은 재미있는 놀이라는 인식을 심어 주기 위해 노력하고 있다.

바둑TV의 강좌 프로그램

 바둑TV는 기존의 실전대국과 해설 위주의 프로그램 방영과 함께 <바둑손자병법>, <생존프로젝트 미녀바둑 캠프>, <생생! 바둑 한게임>, <브레인 철인 3종> 등 다양한 프로그램을 계속해서 시도하고 있다. 이를 통해 100여 개의 케이블 채널 중에서 전체 시청률 상위권, 시청 충실도 1위를 기록하고 있으며, 주요 시청자 층인 40대 이상의 남성들로부터 꾸준한 사랑을 받아 오고 있다.

바둑TV의 <생생! 바둑 한게임>

3) 위성 방송

바둑 전문 채널 한국바둑방송(K-BADUK)은 위성 방송 SkyLife와 IP-TV인 KT QookTV, SK Btv에 하루 24시간 바둑 전문 프로그램을 제작, 공급하고 있는 프로그램 채널사용사업자(PP: Program Provider)이다. 케이블 방송인 바둑TV에 이어 위성 방송에서 Sky바둑TV가 개국함에 따라 한국은 양대 바둑 방송 체제를 갖춰 바둑 방송에 있어서도 세계 제일의 위치를 차지하게 되었다.

바둑 전문 채널 한국바둑방송(K-BADUK)

Sky바둑TV(현 한국바둑방송)는 2002년 3월 개국을 시작으로 현재까지 프로·아마기전 생중계와 주요대국 해설 프로그램, 강좌, 바둑 다큐 등 다양한 프로그램을 지속적으로 제작해 오고 있다.

한국바둑방송에서 진행하고 있는 프로그램은 크게 강좌 프로그램과 기전 프로그램으로 나눌 수 있다. 한국바둑방송에서는 많은 강좌 프로그램을 다양하게 방영하고 있다. 바둑TV보다 후에 생겨난 위성 방송인 한국바둑방송은 기존 바둑 프로그램과의 차별성을 부각하기 위해 대국 위주의 편성에서 탈피하여 어린이 바둑학습 프로그램, 바둑 이야기, 다큐멘터리 등 다양한 장르의 프로그램을 개발하고 색다른 프로그램을 선보이며 바둑TV와 경쟁을 벌여 오고 있다. 2011년 3월 봄 개편을 맞아 강좌 프로그램을 신설·보강하였고, 바둑을 배우고 싶거나 전문적인 강의를 통해 기력 향상을 원하는 시청자들을 위해 초·중·고급으로 나뉘는 바둑 강좌를 하루 2회 집중 편성하기도 하였다.

강좌 프로그램으로는 <손근기의 포석완전정복>, <홍민표의 형세판단>, <박병규의 초반30수>, <김효곤의 이기는 행마>, <이용찬의 중반전술>, <윤지희의 실전 응수타진>, <김대용의 그때 그 정석>, <김혜민의 신수신형>, <안달훈의 접바둑 법칙> 등 프로기사들이 기력 향상을 위해 집중적으로 강의하는 프로그램이 있으며, <사활의 맥>, <오늘의 한 수>, <실전대비 중급마스터>, <맥을 짚어라> 등 실전 속에서 많이 나타나는 수와 위기를 극복할 수 있는 방법을 알기 쉽게 풀어서 진행하는 프로그램이 제작되고 있다. 바둑 입문자를 위한 <정다원의 바둑 레시피>, <성기창의 원리바둑>, <성기창의 이야기로 배우는 바둑> 등의 프로그램을 통해 시청자들의 기력을 향상시키는 데 중점을 두고 있다.

한국바둑방송의 강좌 프로그램

기전 프로그램으로는 <2014 내셔널 바둑리그>, <메지온배 오픈신인왕전>, <K-바둑 라이브>, <2014 중국 바둑리그>, <2014 박카스배 천원전>, <STX배 여류명인전>, <제2회 열린 바다배 전국어린이바둑왕전>, <전국 아마바둑대회 특선>, <대륙간 세계아마바둑 최강전> 등이 있다. <2014 내셔널 바둑리그>는 아마바둑의 새로운 리그와 승부를 겨루는 아마바둑 최대의 프로젝트로, 전국 13개 구단 90여 명의 선수가 참가하고 있다. 6개월간 정규 리그 13라운드 390대국이 진행되면서 시니어, 주니어, 여류 아마최강자들이 대한민국 아마최강팀을 가려내기 위해 뜨거운 승부를 펼치고 있다. <K-바둑 라이브>는 생방송으로 각종 기전을 중계하며 현장감을 함께 느낄 수 있는 프로그램이다.

　그 외 교양·정보 프로그램으로는 <바둑리뷰 더 베스트>, <바둑 읽어 주는 남자>, <바둑매거진 K>, <기획특집 입단 톡톡톡>, <피플 앤 이슈> 등이 제작되어 방영되고 있으며, 스페셜 프로그램으로 <바둑 톡톡톡>, <다큐엔톡 아이러브바둑>, <인터뷰다큐, 입단>, <바둑다큐, 한국 바둑 세계를 삼키다>, <바둑스토리 棋> 등이 제작되어 바둑팬들에게 인기를 얻고 있다.

TV바둑이 바둑계에 미친 영향

○ 기전의 속기화

TV기전은 매체의 특성상 속기 위주일 수밖에 없다. 방송 프로그램은 2시간 이내가 최대 편성 시간이며 중간에 광고 물량을 처리하기 위해 1시간 단위 편성이 주류를 이룬다. 이에 따라 TV기전의 제한 시간은 길어야 10분에 30초 초읽기 3회 정도이며 아마추어 기전이나 이벤트성 대국의 경우 10초 초읽기 1회 등 초속기 대국도 빈번하다.

○ 바둑의 스포츠화

프로기사의 대국을 직접 관전할 기회가 없었던 바둑팬들이 TV를 통해 실전을 지켜보면서 바둑시장의 저변이 넓어지고 새로운 보급 잠재력을 키울 수 있는 기회가 생겨났다. 기보를 통해 고수의 수법을 사후에 감상하기만 하던 바둑팬들은 생방송으로 대국을 시청하면서 스포츠 경기를 관전하듯이 변화무쌍한 승부를 실시간으로 지켜보는 새로운 재미에 맛들이게 됐다.

○ 바둑의 이벤트화

시청률에 의해 광고 수입이 좌우되는 방송의 특성상 TV바둑에서 흥미를 배가하기 위한 이벤트 요소는 필수적이라고 하겠다. 세대 계층과 지역성을 가미한 이벤트 기전이 증가하고 있으며, 명령바둑, 눈 가리고 두기, 프로 간 접바둑, 같은 색깔 돌로 대국 등의 특별 기획 대국도 승패에 절대적인 가치를 부여하지 않는 전형적인 이벤트성 대국이다.

○ 바둑팬의 전반적 기력 향상

시청자들의 기력 향상을 위한 다양한 바둑 강좌 프로그램이 편성되면서 국내 바둑팬들의 기력이 평균적으로 향상됐다고 볼 수 있다. 강좌 프로그램은 시청률이 높지 않지만 방송사 입장에서 대국이나 중계 프로그램에 비해 제작이 간편하고 비용도 적게 드는 이점이 있어 대형 프로그램 사이에 브릿지 형식으로 자주 편성하는 편이다.

신병식. 바둑과 방송. 2009.

 **학습활동**

■ 활동 1 ■ 바둑 프로그램 기획

자신이 바둑 전문 채널의 PD가 되었다고 가정하고, 어떤 내용과 형식을 취한 프로그램을 만들 것인지 생각해 보고 이를 발표해 보자.

4. 바둑과 인터넷

▮ 학습목표	1. 인터넷과 바둑의 관계를 설명할 수 있다. 2. 바둑 전문 사이트의 기능과 종류를 설명할 수 있다. 3. 바둑게임 소프트웨어의 종류를 설명할 수 있다.

학습내용

인터넷은 20세기 말에 정보혁명을 일으키며 인간 생활에 매우 큰 영향을 미치고 있다. 인터넷 바둑의 발달사를 살펴보고, 바둑과 인터넷의 관계에 대해 알아보자.

1) 인터넷과 바둑

인터넷상에는 수많은 정보가 널려 있기 때문에 정보의 홍수를 이루고 있으며, 현대인들은 개인 간의 통신은 물론 일상적인 업무의 상당 부분을 인터넷으로 처리하는 상황에 이르렀다. 지역적인 한계와 시간상의 제약을 초월할 수 있다는 장점으로 인해 인터넷은 가장 강력한 대중매체로 등장하게 되었다.

인터넷 바둑회사는 새로운 시대적 조류로 등장하게 되었다. 대국자가 바둑판을 마주하고 대국을 하던 고전적인 게임 양식인 바둑도 인터넷을 통해 대국을 할 수 있는 여건이 조성되면서 사이버 공간에서 바둑이 두어지는 새로운 바둑문화가 만들어지게 되었다. 이처럼 현대 바둑은 컴퓨터와 매우 밀접하며, 프로기사와 바둑팬들에게 컴퓨터의 이용은 선택이 아니라 필수가 되었다. 컴퓨터를 통해서 대국을 하고, 프로기전을 관전하면서 바둑을 즐기고 있다.

1990년대 천리안, 하이텔, 나우누리, 유니텔 등 4대 통신이 모두 통신대국 서비스를 제공하면서 바둑팬들을 만족시켜 왔다. 당시 하루 평균 대국 수는 1만 판 이상으로 파악되며, 1일 접속 횟수는 10만 건을 상회하고, 국내 통신바둑 인구는 50만 명 정도로 추산할 만큼 통신바둑의 전성기를 보내고 있었다.

컴퓨터 바둑 국내서 첫 대결

祥靈 내년 세계대회 出戰 棋士선발

화제

1984년에 처음으로 USENIX(컴퓨터 바둑대회)가 일본에서 개최되었다. 1985년에 대만의 응창기는 약 10억 원의 상금을 걸고 세계 컴퓨터 프로그램 대회를 개최했다. 단 호선으로 최고의 프로기사에게 이겨야 한다는 조건이었다. 미국은 "Nemesis", "Go Intellect", 대만은 "Dragon Go", 네덜란드는 "Goliath" 등의 프로그램을 만들었다. 일본은 인공지능 응용 바둑 소프트웨어를 개발하여 최초로 상용화하였다. 이렇게 각국에서는 컴퓨터를 이용한 바둑 개발에 열을 올렸지만, 한국 바둑은 상당히 늦게 출발하게 되었다. 1980년대 중반까지만 해도 도대체 왜 컴퓨터를 통해서 바둑을 두어야 하는지도 몰랐다.

1989년에 와서야 한국 최초의 컴퓨터 바둑대회가 열렸다. 컴퓨터가 바둑계에 받아들여지게 되는 과정을 보면, 한국 바둑계가 컴퓨터 바둑 발전을 주도적으로 이끌었다고 보기는 매우 힘들다. 개인용 컴퓨터(PC)의 보급이 활발해지면서, 개발자들이 만들어 낸 소프트웨어가 인기를 끌게 되면서, 한국 바둑계가 한 걸음 뒤쳐져 따라가기에 바빴다.

N.J. 컴퓨터와 바둑의 만남. 2012.

1990년대 초반 성행했던 '통신바둑'은 1990년대 중반 인터넷이 보편화되기 시작하면서 본격적으로 '인터넷 바둑'이 급증하게 되었고, 21세기에 들어선 현재 기업들이 참여하게 되면서 인터넷 바둑은 안정적인 시스템을 구축해 가고 있다. 1998년 PC통신 무대를 넘어 인터넷에 기반을 둔 새로운 바둑 서비스가 등장하면서 이러한 인터넷 바둑 붐을 타고 사이버오로, 네오스톤, 타이젬 등 바둑 전문 사이트들이 생겨나게 되었다. 이들은 인터넷 바둑팬들을 대상으로 한 기업으로, 바둑 전문 잡지나 전문 방송 채널에서 하는 것과 유사한 기능을 수행하고 있다. 방대한 자료를 축적할 수 있고, 시간과 지역을 뛰어넘어 정보를 제공할 수 있다는 장점으로 인해 다른 정보 매체를 위협하고 있다.

1999년 후반부터 급속히 성장한 인터넷 바둑은 2000년 상반기에 최고의 성장세를 기록하였다. 국내 인터넷 바둑 인구는 약 80만 명으로 추산되고 있으며, 2000년 연말 기준 조사한 바에 의하면 한국의 인터넷 대국 사이트 1일 최대 동시 접속자 수는 약 3만 명 수준으로 나타났다. 초창기의 인터넷 바둑은 무료로 서비스를 시작하면서 수익 모델이 불확실하다는 위험 요소를 안고 있었지만, 점차 부분 유료화 서비스로 전환되면서 수익 성과 안정성을 높여 가고 있다.

이 밖에 인터넷은 바둑을 배우려는 학습자에게 매우 유익한 도구이다. 바둑에 대한 폭넓은 정보를 얻으려는 사람, 기력을 늘리려는 사람, 바둑을 처음 배우는 사람, 기술과 함께 교육적 효과를 도모하려는 아동과 부모 등 다양한 학습자 계층에게 인터넷은 매우 훌륭한 학습 환경을 제공할 수 있다.

🖐 **읽어보기**

'컴퓨터 바둑' 사람 이길 수 있나

체스에서 컴퓨터가 인간 최고수를 이긴 지 벌써 10년이 됐다. 1997년 IBM의 수퍼컴 '딥블루'가 체스 챔피언 카스파로프를 꺾은 것이다. 그렇다면 컴퓨터가 바둑에서도 인간을 꺾을 수 있을까. 다시 말해 컴퓨터란 신비의 강자가 또 다른 신비인 바둑의 세계를 완전 해부할 수 있을까. 바둑은 체스보다 승만큼 복잡하지만 컴퓨터는 18개월마다 성능이 두 배씩 좋아지고 있으므로 22세기에는 컴퓨터가 인간 최고수를 이긴다는 계산법도 있다. 과학이 결국 지구상에서 가장 지적인 게임이란 바둑을 정복한다고 보는 것이 일반론이다.

명지대 바둑학과 정수현 교수(프로 9단)는 4 대 6 정도로 인간 편에 선다. "과학의 발달은 상상도 할수 없는 측면이 있으므로 결국 컴퓨터가 이길지 모른다. 컴퓨터는 이미 사활 문제 같은 부분 전술에선 아주 고급스러운 문제를 척척 풀고 있다. 따라서 바둑 이론이 좀 더 정밀해진다면 컴퓨터도 점점 강해질 것이다. 하지만 바둑은 인간의 영역만이 소화해 낼 수 있는 매우 특이한 게임이라 컴퓨터가 이기기는 힘들지 않겠느냐"고 한다. 사실 대부분의 프로기사나 바둑팬들은 컴퓨터가 인간을 이길 수 없다고 믿는다.

바둑은 똑같은 두점머리 급소라 해도 어떤 때는 두드려야 하고 어떤 때는 두드려선 안 될 때가 있다. 따라서 컴퓨터에게 기리(棋理)를 가르쳐 줘도 허사가 되기 십상이다. 그 구분을 제대로 하려면 인간 최고수들이 입력 작업을 맡아야 하는데 그들이 현실적으로 이 작업을 맡기도 힘들거니와 맡는다 해도 최선의 수에서 의견이 다른 경우가 허다하다. 어떤 수는 왜 최선인지 설명할 수는 없어 감(感)이나 기세라는 단어를 동원한다. 이 감이나 기세를 컴퓨터에게 설명할 길이 없다. 따라서 지금의 컴퓨터가 업그레이드되고 작업을 제대로 하는 정도로는 인간을 이길 수 없지 않겠느냐는 주장이다. 조훈현 9단은 "과학은 무한하니까 수백 년이 지난다면 컴퓨터가 이길 수도 있다. 더구나 인간은 실수가 있지만 컴퓨

2) 바둑 전문 사이트

대표적인 바둑 전문 사이트는 동양온라인의 타이젬과 세계사이버기원의 사이버오로가 있다. 타이젬은 국내 최대 회원수를 자랑하는 대한민국 1위 바둑 사이트로 동시 접속자가 최대 3만 명을 넘어서고 있다. 실시간 바둑뉴스, 바둑강좌, 바둑소설 등 바둑과 관련된 다양한 콘텐츠를 제공하고 있으며, 특히 다양한 동호회(일반, 지역, 동문, 직장, 팬클럽 동호회)가 활성화되어 있다.

세계사이버기원은 한국기원의 주도로 2000년에 설립되었으며, 인터넷 사업대행 계약을 체결하여 인터넷 부문에 대한 한국기원의 대행 창구 역할을 하는 회사로서 바둑 서비스 부문에 있어 인터넷 대국 서비스, 한국기원의 인터넷 사업 전반을 총괄·대행, 대국 생중계 및 중계권 영업(해외 영업 포함), 사이버상에서의 강좌 및 기보 감상 서비스, 바둑콘텐츠 개발, 인터넷 업체에 대한 기보 및 바둑 정보·콘텐츠 제공, 아마단급 인허대행, 전자상거래, 사이버 기전 유치·진행 등의 사업을 하고 있다.

대표적인 바둑 전문 사이트 (좌)타이젬과 (우)사이버오로

국내 게임 포털 사이트로는 '한게임, 피망, 넷마블, 엠게임'을 들 수 있으며, 이들 사이트에서는 바둑을 보드게임의 하나로 기획하여 운영하고 있다. 특히 일반 게임과는 다르게 바둑을 즐길 수 있는 인터넷 바둑대국실과 함께 바둑뉴스, 강좌, 중계, 칼럼, 상점, 대회 소식을 제공하고 있으며, 바둑 전문 기자는 물론 기획과 마케팅을 담당하는 전문 부서가 있다. NHN이 운영하는 국내 최대 게임 포털 한게임은 '한게임 바둑 아마 최강전' 대회를 개최하고 있으며, 씨제이이앤엠의 넷마블에서는 한·중 최고수들이 승부를 겨루는 'CJ인터넷-일양배 월드 바둑 챔피언십'을 개최하였다. 네오위즈게임즈의 피망바둑은 사회 공헌 사업인 피망바둑 희망 프로젝트의 일환으로 프로기사, 명지대학교 바둑학과 등과 협조하여 보육원 어린이들을 위한 바둑교육 사업을 진행해 오고 있으며, '피망바둑 희망 더하기' 여름 바둑 캠프를 2박 3일간 진행하기도 했다. 엠게임의 '엠게임 바둑'은 다양한 바둑뉴스를 전달함과 동시에 기우 칼럼을 마련하여 기우들이 작가가 되어 나누고 싶은 이야기를 직접 꾸밀 수 있는 기회를 제공하고 있다.

동아일보의 동아닷컴 바둑은 동아일보가 주최하는 국수전의 기보를 매일 연재하며 바둑뉴스를 전하고 있다. 바둑월드는 회원제로 운영하는 사이트로 정회원은 대국 서비스, 바둑강좌 등 바둑월드의 모든 서비스를 이용할 수 있으며, 회원의 등급에 따라 서비스 이용에 제한이 따른다. 바둑월드는 Java를 통해 바둑을 두기 때문에 바둑 프로그램의 설치나 다운로드가 필요 없으며, 이러한 편리함을 강점으로 내세우고 있다.

문화체육관광부의 지원 아래 대한바둑협회와 세계사이버기원이 제휴하여 운영하는 영문 바둑 사이트 Wbaduk은 한국 바둑을 세계에 알리자는 취지로 만들어졌다. 해외 바둑팬들을 위해 대국 시스템, 바둑뉴스, 영문 강좌와 기력 향상 문제 등을 제공하고 있으며, 대한바둑협회의 지원으로 각국에 파견된 기사들의 바둑 보급 활동에 도움을 주는 바둑 네트워킹의 장이 되고 있다.

대한바둑협회와 세계사이버기원이 제휴하여 운영하는 'Wbaduk'

3) 바둑게임 소프트웨어

바둑게임 소프트웨어는 우리나라뿐만 아니라 전 세계적으로 개발 및 공급되고 있다. 미디어 채널에서 개발한 '바둑대전'은 바둑의 묘미를 즐기면서 실력을 향상시킨다는 개념으로 만들어진 바둑게임 소프트웨어 프로그램이다. 컴퓨터의 특징 중에 하나인 쌍방향성을 살려 대국, 사활, 맥, 끝내기, 수상전, 초반타개, 정석 등의 연습 문제를 수행할 수 있으며, 기력 향상을 위해 연습 문제를 반복하여 연습할 수 있도록 구성하였다.

세주씨엔시의 '바둑삼국지'는 94-97년 세계를 재패했던 '천하수담'의 개발자와 공동 개발한 프로그램이다. 날짜, 장소, 시합, 대국자, 기력, 규칙 팀, 제한 시간, 기록, 결과 등 다양한 대국 자료를 설정하고 편집할 수 있다. '펑고 2000(FunGo 2000)'은 인텔리소프트에서 만든 바둑게임으로 인터넷을 통해 사람끼리 멀티플레이를 할 수 있으며 사활 게임도 제공한다. '은별바둑'은 북한에서 개발하고 남과 북이 함께하는 바둑 소프트웨어 프로그램이다. 은별2010은 2009년 일본에서 열린 제3차 UEC컵 컴퓨터 바둑대회에서 우승하였으며 사이버오로에서 3단을 유지하고 있는 컴퓨터 바둑 프로그램으로 일본 판매 1위를 기록하고 있는 세계적인 소프트웨어이다.

우리나라에서 주최한 최초의 국제 컴퓨터 바둑대회는 2001년 '제1회 서울대공대-가로수닷컴배 국제 컴퓨터 바둑대회'이다. 개최 당시 미국, 영국, 프랑스 등 세계 8개국 13개 팀과 국내 10개 팀 등 총 23개 팀이 참가했으며, 대회는 표준 프로토콜을 사용하여 두 컴퓨터 간의 시리얼포트 연결 방식으로 진행되었다.

컴퓨터 바둑대회는 컴퓨터를 매개로 사람과 사람이 게임을 진행하는 형식으로 이루어지고 있다. 컴퓨터와 사람 간의 바둑 경기는 활성화되지 않고 있다. 이는 바둑이 지닌 경우의 수와 연관되어 있다. 단순연산 체계로 361로(路)인 바둑판의 경우의 수가 무한대이기 때문에 컴퓨터가 빠른 속도로 데이터를 처리한다 하더라도 불가능하다는 것이다. 바둑에서 발생할 수 있는 경우의 수는 $361!/4 = 10^{700}$ 정도로 계산되며, 이러한 이유로 인간 고수에 견줄 만한 컴퓨터 대국 프로그램의 개발은 거의 불가능하다고 보는 것이 현재의 학설이다.

현재까지 개발되어 있는 바둑 프로그램들의 경우 바둑의 형세를 전체적으로 판단할 수 있는 기능이 미비하며, 대국이 진행되는 동안 의외의 변수가 많아 연산체계 간의 충돌이 심하다는 치명적인 결함과 문제점을 갖고 있다. 이를 해결하기 위해서는 바둑 프로그램의 속도보다는 돌의 흐름을 읽을 수 있는 새로운 수학적 해법을 보유한 컴퓨터가 개발되어야 한다는 것이 전문가들의 의견이다.

대만의 잉창치(応昌基)바둑교육기금회에서는 2000년을 유효기간으로 두고 그들이 지정한 인간과 대결해 승리한 바둑 프로그램에게 150만 달러(한화 약 17억)의 상금을 수여한다고 하여 프로그래머들은 바둑게임 소프트웨어를 개발하고자 노력하였지만, 결국 유효기간까지 나타나지 않았다. 현재 세계 랭킹 1위 바둑 프로그램은 북한의 조선컴퓨터센터와 남한이 공동 개발한 바둑 소프트웨어 프로그램 '은별'이지만, 아마 3단을 인정받은 것에 그치고 있다.

바둑 소프트웨어 프로그램 '은별'

학습활동

▌ 활동 1 ▌ 바둑 전문 사이트 　　　　ACTIVITY

　자신이 즐겨 찾는 바둑 전문 사이트를 선정한 뒤, 사이트의 장단점을 분석해 보고 이를 발표해 보자,

5. 바둑과 소셜 미디어

▌ 학습목표	1. 소셜 미디어의 개념과 특성을 설명할 수 있다. 2. 소셜 미디어의 종류와 특징을 설명할 수 있다. 3. 바둑과 소셜 미디어의 관계를 설명할 수 있다.

학습내용

인터넷 이전 시대에는 신문, 잡지, 라디오, TV에서 제공하는 정보가 사람들에게 절대적인 역할을 했지만, 이제는 더 이상 주목받을 수 없게 되었다. 현대사회에서는 사람들의 활동 무대가 트위터, 페이스북과 같은 소셜 미디어를 중심으로 옮겨 가고 있기 때문이다. 기술의 발달에 따라 진화된 소셜 미디어의 특징과 종류를 살펴보고, 바둑과 소셜 미디어의 관계에 대해 알아보자.

1) 소셜 미디어의 정의

오늘날 우리 사회는 미디어를 이용하여 언제 어디서든 누구와도 자유롭게 소통할 수 있게 되면서 미디어를 통한 관계 맺기나 관계 유지를 해 오고 있다. 이처럼 웹(web)을 기반으로 하여 사람들이 기존의 인맥 관계를 강화시키거나 새로운 인맥을 만들 수 있는 서비스, 즉 미디어를 통해 사회적 네트워크를 형성하고 유지하는 새로운 커뮤니케이션 방식을 소셜 네트워크 서비스(SNS) 혹은 소셜 미디어(social media)라 한다.

이러한 소셜 미디어는 문서나 그림, 오디오, 비디오 등의 다양한 형태를 가지고 있으며, 최근에는 모바일 서비스, 동영상, 소리 등 독립적인 매체들도 사회적 매체로 기능할 경우 소셜 미디어로 보기도 한다.

소셜 미디어의 대표적 특성은 다음과 같다. 첫째, 소셜 미디어는 그동안 수동적 특성이 강했던 전통 미디어 이용 방식을 참여형 방식으로 바꾸어 관계 형성에서 핵심적 역할을 한다. 사람들은 마음에 드는 신문 기사를 페이스북이나 트위터에 올려 지인들과 공유하고 의견을 공유하면서 관심 있는 모든 사람들의 기여와 피드백을 촉진한다.

둘째, 소셜 미디어는 사적 영역의 메시지가 공적인 역할을 수행하게 되면서 사적 대화와 공적 커뮤니케이션 간의 경계를 허물었다. 한 개인이 내보낸 콘텐츠가 피드백, 코멘트, 정보 공유를 촉진함으로써 콘텐츠 접근과 사용에 대한 장벽이 거의 없어지게 되었고, 신문이나 텔레비전 보도와 같은 공적 파급 효과를 낳을 수도 있다.

셋째, 소셜 미디어의 정보는 대화 지향적 특성이 있다. 빠르게 커뮤니티가 구성되면서 사람들은 공통의 관심사에 대해 이야기하게 되는데, 소셜 미디어는 서로 대화하고 상호작용할 수 있게 하는 촉매제 역할을 한다.

이 외에도 소셜 미디어는 쌍방향성을 띠며, 다양한 미디어의 조합이나 링크를 통해 연결상에서 번성한다. 또한 댓글을 생산하는 주요 채널로 우리 사회의 주요 의제에 대해 의견이나 생각을 표현하고 공유할 수 있는 장을 만든다.

2) 소셜 미디어의 종류

(1) 트위터

트위터는 인간 커뮤니케이션 역사상 가장 즉각적인 글의 매체이고 가장 잘 조합되는 매체이다. 트위터 공간에서 140자 이내의 단문으로 간편하고 신속하게 자기의 소식을 알리고 다른 사람들의 소식을 들을 수 있는 효율적인 방법으로 관계를 유지하고 새로운 관계를 형성하는 새로운 커뮤니케이션 양식이다.

트위터의 글은 트위터 공간에 즉각적으로 전달될 수 있으며, 자동으로 보내는 기능 등을 통하여 순식간에 인터넷 공간에 퍼진다. 트위터는 거의 완벽하게 개방된 형태로 운용되는 서비스이다. 따라서 트위터에서는 관계를 맺기 위해 상대방의 동의를 구할 필요가 없으며, 특정 상대를 '팔로잉'하겠다고 클릭하면 바로 관계를 시작할 수 있다.

트위터의 전 세계 가입자 수는 5억 명 수준이다. 전 세계적으로 인기를 얻고 있는 이유는 무엇보다 장소에 구애받지 않고 언제 어디서나 원활한 커뮤니케이션을 할 수 있고, 이를 통해 시간과 공간, 인종, 계층을 초월해 사람들과 연결하고 인맥을 확장할 수 있기 때문이다.

6.4 지방선거, 뜨거운 트위터 열전··· 전년비 200% 증가

SNS 선거가 허용된 뒤 2번째 치러진 전국 단위 선거인 6.4 지방선거에서 트위터가 여전히 주요한 온라인 선거의 중심으로 나타났다. 먼저 유권자들의 자발적인 투표 독려 열기가 뜨겁다.

후보자별 언급량도 특정 후보에 편향되지 않고 여야 후보 모두 고르게 언급되면서 온라인 민심이 균형을 잡아 가고 있는 것으로 나타났다. 각 정당에 대한 언급이 들어간 트윗 총량이 30만 건 이하의 근소한 차이를 기록할 정도로 2013년에 비해 여야 간 트위터 언급량 격차가 줄어들었다. 선거가 가까워지면서는 일간 여야 언급량 차이는 더욱 줄어드는 추세다.

처음 실시된 사전투표에 대한 관심도 높게 나타났다. 선거운동이 시작된 5월 22일부터 사전투표가 마감된 5월 31일까지 트위터의 메시지를 분석한 결과 14만 2천 건에 달하는 사전투표 관련 트윗이 올라왔다. 특히 사전투표가 시작된 5월 30일 하루 동안 총 3만여 건에 달하는 사전투표 관련 트위터가 올라와 처음 실시되는 사전투표에 대한 높은 관심을 방증했다.

트위터에서 일어나는 다양한 논의는 TV를 통해서도 소개된다. 해시태그 sbs0604를 달고 투표 인증샷을 올리면 SBS 개표 방송에 인증샷과 관련 트윗들이 노출될 예정이다. 투표 당일인 오늘의 트위터 민심 트렌드도 SBS 개표 방송을 통해 만나볼 수 있고, 현장 트윗이라는 코너에서 지역별로 올라온 트윗을 보여 줘 생생한 투표 현장을 엿볼 수 있다.

한편 올해 1월 1일부터 선거 직전인 6월 3일까지 6.4지방선거와 관련된 언급량이 총 1천1백만 건을 기록했다. 이 수치는 전년 동기 대비 200% 증가한 것이다. 서울을 중심으로 5대 광역시에서 특히 많은 선거 관련 언급이 일어났고, 각 후보자들과 직접 관련된 트위터 메시지 총량은 100만 건을 돌파했다.

김현아. 이데일리. 2014.

(2) 페이스북

페이스북은 미국의 대표적인 SNS로, 전 세계 8억 명이 사용하고 있다. 트위터와 경쟁하고 있는 페이스북은 인맥을 맺기 위해서 상호 동의를 얻어야 하는 부분 개방형 소셜 미디어이다. 그러나 일단 관계를 맺고 나면 상대방의 게시물과 상대방의 네트워크 내에 있는 다른 사람들의 게시물을 마음대로 볼 수 있다. 즉, 중간에 연결하는 사람이 있다면 두 사람 간에는 상호 동의를 얻지 않아도 서로 콘텐츠를 볼 수 있다.

페이스북은 현재 전 세계적으로 가장 많은 이용자 수를 보유하고 있다. 페이스북 성공의 첫 번째 이유는 개방성을 통해 인맥을 확장할 수 있도록 했다는 점이다. 이전의 소셜 미디어는 새로운 관계의 형성보다는 기존의 관계를 유지하는 데 중점을 둔 반면, 페이스북은 오프라인에서 전혀 접점이 없는 사람들도 네트워크를 통해 새로운 관계를 형성할 수 있도록 지원해 주고 있다. 친구의 친구를 자연스럽게 만날 수 있도록 관계망이 확대되는 구조를 갖고 있어 간편한 방식으로 새로운 관계를 시작할 수 있다.

또 다른 성공 요인은 인터넷에서 개인과 관련한 정돈된 정보, 즉 '프로파일(profile)'을 구성하고 있다는 점이다. 좁은 의미에서 프로파일은 학력, 출신 학교, 출신 지역, 직장 이력 등을 나타내지만 모바일 시대의 프로파일은 개인이나 사업자의 위치 정보와 행동 패턴, 그리고 소셜 미디어를 이용하는 의도까지를 포함한다. 이를 통해 페이스북 이용자들은 단순한 검색을 통해 접할 수 있는 단편적인 정보보다 훨씬 유용한 정보를 활용할 수 있게 되었고, 그들이 원하는 사람들과 손쉽게 인맥을 구축할 수 있게 되었다.

미국의 대표적인 SNS 페이스북

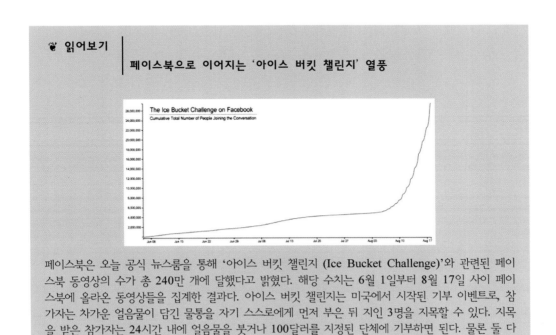

🦑 **읽어보기**

페이스북으로 이어지는 '아이스 버킷 챌린지' 열풍

페이스북은 오늘 공식 뉴스룸을 통해 '아이스 버킷 챌린지 (Ice Bucket Challenge)'와 관련된 페이스북 동영상의 수가 총 240만 개에 달했다고 밝혔다. 해당 수치는 6월 1일부터 8월 17일 사이 페이스북에 올라온 동영상들을 집계한 결과다. 아이스 버킷 챌린지는 미국에서 시작된 기부 이벤트로, 참가자는 차가운 얼음물이 담긴 물통을 자기 스스로에게 먼저 부은 뒤 지인 3명을 지목할 수 있다. 지목을 받은 참가자는 24시간 내에 얼음물을 붓거나 100달러를 지정된 단체에 기부하면 된다. 물론 둘 다

진행하는 것도 가능하다.

페이스북이 공개한 자료에 따르면 현재까지 2,800만 명이 넘는 페이스북 사용자가 아이스 버킷 챌린지와 관련된 페이스북 게시물, 댓글 및 링크를 친구들과 공유했으며 그 수는 점차 증가하는 추세다. 해당 이벤트 관련, 가장 활발한 페이스북 활동을 보이고 있는 국가는 미국이며 캐나다, 멕시코, 브라질, 그리고 독일이 그 뒤를 이었다.

아이스 버킷 챌린지에는 페이스북의 최고경영자(CEO)인 마크 저커버그를 비롯해 페이스북 최고운영책임자(COO) 셰릴 샌드버그, 빌 게이츠 마이크로소프트 공동 창립자, 방송인 오프라 윈프리, 영화배우 로버트 다우니 주니어, 축구 선수 크리스티아누 호날두 등 수많은 유명 인사들이 자발적으로 참여하며 큰 호응을 얻고 있다.

한국에서도 페이스북 코리아 조용범 지사장을 필두로 국내의 IT업계 및 연예계로 ALS 아이스 버킷 챌린지 열풍이 확산되고 있다. 지난 18일에는 조용범 지사장의 지목을 받은 개그맨 김준호가 얼음물 샤워에 참여한 뒤 야구 선수 류현진, 영화배우 박한별, 가수 정준영을 다음 도전자로 지목하기도 했다. 가수 션은 한국 루게릭병 요양 병원 건립을 위해 설립된 승일희망재단에 기부 의사를 밝히며, 역시 자녀들과 함께 해당 이벤트에 동참했다. 션은 가수 지드래곤, 배우 조인성, 이영표 해설위원을 지목해 관심을 이어 가고 있다.

김신우. 한경닷컴 게임톡. 2014.

(3) 유튜브

유튜브는 2005년 UCC 서비스를 제공하려고 설립한 무료 동영상 공유 사이트이다. 유튜브는 사이트를 공개한 뒤 얼마 지나지 않아 사이트 방문자 수와 업로드되는 동영상, 검색 횟수가 빠르게 증가하게 되면서 엄청난 성장을 보였고, 결국 많은 재원 확보를 위해 2006년 11월 구글은 유튜브를 16억 5,000만 달러에 인수하였다.

유튜브의 성공 요인은 컴퓨터를 사용하는 누구나 쉽게 동영상을 올릴 수 있는 쉬운 방식을 채택했다는 점, 빠르고 보편화한 플래시(flash) 형태로 동영상을 제공하여 불과 몇 분 안에 수백만 명이 볼 수 있다는 점, 이용자들이 동영상을 쉽게 공유할 수 있는 환경을 만들었다는 점을 들 수 있다.

유튜브의 위력을 증명한 가장 대표적 사례는 2012년 싸이의 <강남스타일>이다. 강남스타일 뮤직비디오는 유튜브를 통해 전해지면서 전 세계 네티즌은 리드미컬한 멜로디와 독특한 춤사위에 열광하게 되었고, 유튜브 사상 최초로 '20억 뷰'를 돌파했다. 이 뮤직비디오는 유튜브 조회수 1위, 미국 빌보드 차트 2위에 오르는 기록을 세웠다.

유튜브 사용자 수가 폭발적으로 증가하면서 유튜브에 올라간 콘텐츠의 영향력이 커지게 되었다. 이제는 전 세계 가수들이 유튜브에 자신의 뮤직비디오를 올려놓고 클릭 수로 성공 여부를 가늠하기도 하며, 영화 예고편, 지역 마케팅, 유튜브와 전략적 제휴를 통한 홍보 등을 적극 활용하고 있다.

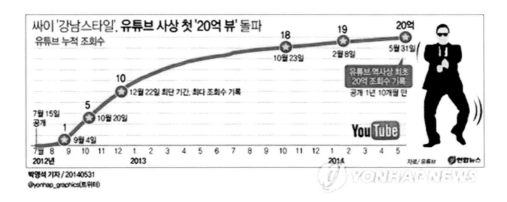

유튜브 사상 최초로 '20억 뷰'를 돌파한 싸이의 <강남스타일>

👆 읽어보기

싸이 '젠틀맨' 뮤비 최단기간 1억 뷰 돌파 '세계 신기록'

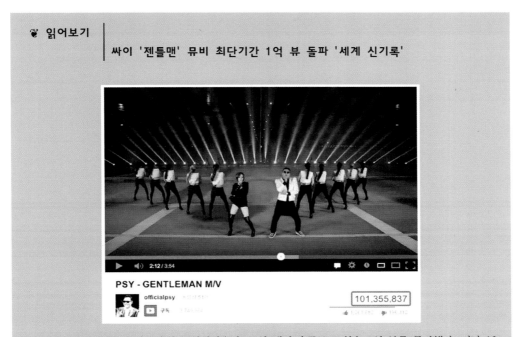

월드스타 싸이의 신곡 '젠틀맨'의 뮤직비디오가 17일 새벽 유튜브 조회수 1억 뷰를 돌파했다. 지난 13일 오후에 공개된 이 뮤비는 공개 4일 만인 오늘 새벽 5시 기준 1억 135만 건을 기록했다. 이는 앞서 기록했던 자신의 기록을 깨끗하게 새로 쓰는 대기록이자 유뷰트 역사상 최단 기록으로 세계 신기록이다. 앞서 싸이의 '강남스타일' 뮤직비디오가 공개 27일 만에 2,000만 뷰를 돌파한 것과 비교했을 때 '젠틀맨' 조회수 상승은 엄청나다. 실제로 '젠틀맨' 1억 뷰 돌파 기록은 유튜브 역사상 최단 기록, 세계 신기록으로 기록되었다. 싸이를 국제 가수로 만들어 준 '강남스타일'의 후속곡으로 전 세계의 관심을

3) 바둑과 소셜 미디어

우리가 살고 있는 21세기는 정보 통신과 인터넷을 기반으로 네트워크화가 급진전되고 있으며, 이러한 시대적 흐름에 따라 바둑문화도 적극적이고 능동적으로 대처해야 한다.

인간의 삶을 보다 편리하고 풍요롭게 만들기 위해 만들어진 커뮤니케이션 도구인 미디어는 현대사회에서 차지하고 있는 비중이나 영향력에 대해서는 재론의 여지가 없을 만큼 막강한 위치를 점하고 있다. 인쇄 매체와 음성 매체, 그리고 영상 매체와 다양한 뉴미디어 등의 각종 매스미디어는 우리의 일상과 삶 주변에서 끊임없이 맴돌고 있으며, 오늘날 이러한 미디어는 수용자들의 가치와 규범에 결정적인 영향을 미치고 있다.

바둑의 경우 매스미디어가 바둑의 제도화에 결정적인 역할을 담당하였다고 볼 수 있다. 한국 현대 바둑에 있어서 초기에는 신문이, 후기에는 방송이 바둑을 널리 확산시키고 결과적으로 바둑을 제도화하는 데에 큰 도움이 되었다. 오늘날의 한국 바둑문화 형성에 매스미디어의 영향이 없었다면 지금처럼 바둑이 제도화되지 못했을 것이다.

물질문화는 근대에서 현대로 넘어오면서 단순한 형태에서 출발하여 차츰 전문화되고 다양해지는 특징을 보인다. 바둑게임을 할 수 있는 도구인 바둑판과 바둑돌이 전부였던 조선시대와는 다르게, 구한말로 접어들면서 기보와 바둑서적이 나타나기 시작하였고, 현대 프로기사의 출현과 함께 계시기, 자석바둑판, 기보용지와 같은 도구들이 개발되었다.

그 뒤 바둑을 배우고자 하는 층이 나타나고 바둑팬들이 증가하게 되면서 바둑잡지, 바둑비디오테이프와 같이 보다 전문화된 형태의 도구가 등장하게 되었다. 20세기 후반에는 바둑방송, 컴퓨터 대국 프로그램, 컴퓨터 기보 편집 프로그램 등이 출현하였다. 특히 현대 바둑에서 '잡지의 탄생, 바둑 텔레비전의 등장, 인터넷의 등장'은 혁명적이었다고 말할 수 있다.

첫 번째, 1967년 8월에 창간된 월간 『바둑』은 많은 독자들에게 높은 수준의 기보와 바둑 관련 정보를 제공하게 되면서 기력 향상과 프로 제도를 알리는 계기가 되었다. 바둑책이 기력 향상의 수단이 되면서 단행본이 발행되기 시작하였고, 과거 일본 서적 해적판을 통해 공부하던 한국 바둑은 현재 일본, 중국, 대만에 역으로 20여 종의 단행본을 로열티를 받으면서 수출하고 있다.

두 번째, 1995년 바둑TV가 개국하면서 세상은 읽는 시대에서 보는 시대로 바뀌게 되었다. 바둑팬들은 대부분 바둑TV를 시청하게 되었고, 다양한 프로그램이 방영되었다. TV는 신문, 잡지보다 위력이 상당하였는데, 과거 전혀 관계없던 광고업체가 등장하고 기전을 후원하게 되면서 기전의 규모와 수가 증가하게 되었다. 시청자들의 요청과 매체의 특성으로 기전은 속기화되고, 광고 산업과 매체의 규모는 더욱 커지게 되었다.

세 번째, 2000년대 인터넷 바둑이 등장하게 되면서 바둑은 새롭게 변화되었다. 과거 대국을 하기 위해서는 두 사람이 직접 만나서 마주 앉아 바둑을 두었는데, 인터넷 바둑 사이트가 생겨나게 되면서 특정한 장소로 이동하지 않고도 더 많은 사람들과, 그리고 전혀 모르는 사람들과도 대국을 할 수 있게 되었다. 특히 기존에는 자신의 급수와 맞는 사람을 찾기가 어려웠지만 바둑 사이트를 통해 손쉽게 찾을 수 있게 되었다. 인터넷 광고도 새롭게 등장하게 되었고, 이제는 모바일의 애플리케이션으로도 바둑을 둘 수 있는 세상이 되었다.

스마트폰과 태블릿 PC 등 휴대정보기기에서 구현되고 있는 바둑

　현재는 바둑 애플리케이션까지 출시되어 인터넷에서 서비스되고 있는 뉴스와 프로기보, 실시간 프로중계와 대국실 등 모든 것이 휴대정보기기에서 그대로 구현되고 있다. 바둑교육의 영역에서도 창의적이고 자기주도적인 학습의 중요성이 커진 지식 기반 사회구조 속에서 바둑교육은 교육콘텐츠를 요구하게 되었고, 유아를 대상으로 온라인을 통한 수준별 맞춤형 바둑학습이 가능한 바둑교육 지원 사이트가 생겨나게 되었다. 이와 함께 바둑전문 쇼핑몰은 바둑팬들의 수요를 만족시키기 위해 계속해서 새로운 바둑교육용품을 제작, 유통, 판매하고 있다.

　그동안 한국 바둑계는 인터넷 PC 바둑이 주류였지만 이제는 스마트폰과 태블릿 PC를 통해 '들고 다니는 바둑'이 대세가 되고 있으며 조금씩 자연스러워지고 있다. 이것이 가능할 수 있었던 것은 아이폰, 아이패드용 바둑 어플과 안드로이드용 바둑 어플을 선두하고 있는 사이버오로의 영향이 크게 작용했다고 할 수 있다. 사이버오로는 2010년 말에 인터넷 프로그램과 기능 차이가 없는 아이폰용 바둑 어플을 출시한 것을 시작으로, 2011년에 아이패드용 바둑 어플, 안드로이드용 바둑 어플, 영문 아이폰, 아이패드 버전 (Wbaduk), 일본기원 버전 안드로이드 바둑 어플을 잇달아 출시하였다.

　사이버오로는 2010년 12월 한국 업계 최초로 실시간 대국 및 프로대국 관전, 채팅이 가능한 아이폰용 바둑(한국어) 프로그램을 개발했었으며, 이후 일본기원과 협력해 안드로이드와 i-OS 일본어 버전 앱들을 모두 출시하였고, 시나닷컴과 연계해 중국어 버전 안드로이드와 아이패드용 버전(중국에서는 아이폰 버전을 출시하지 않음)을 출시했었다. 그리고 최종적으로 영문 안드로이드 버전까지 출시해 전 세계의 바둑 인구 대부분이 모바일을 통해 이용할 수 있게 되었다.

사이버오로의 '오로바둑' 어플

사이버오로는 2011년 3월에 모바일 기기로 구현할 수 있는 아이패드용 '오로바둑' 어플을 출시하였다. 기존에 출시된 바둑 어플들은 인공지능, 단일 강좌, 단일 대국, 단일 기보 감상, 단일 사활 문제 등 어느 한 곳에만 초점을 둔 단일 기능의 제품들로 활용도가 떨어진다는 단점이 있었는데, 이를 보완하여 대국, 관전, 중계, 채팅은 물론 사이버오로의 웹서비스와 직접 연동되는 기보 감상, 사활 문제 등 거의 대부분의 기능이 가능할 수 있도록 하였다. 향후 아이패드 버전은 아이폰 버전과 함께 일본어, 중국어, 영어 버전으로도 출시될 예정이다.

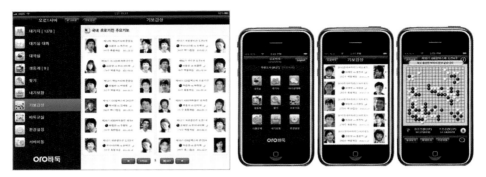

아이패드 오로바둑 버전

오로바둑 어플은 애플과 안드로이드 체제에서 모두 사용할 수 있고, 실시간 대국 및 프로중계 관전, 기보 감상, 묘수풀이, 대화(채팅), 바둑뉴스 등 인터넷 PC로 즐기는 모든 기능을 바둑 어플로 옮겨 왔다. 특히 사이버오로는 MS윈도우 계열의 PC가 아닌 MAC 북과 Linux용 자바 버전을 발표하기도 하였다.

2013년 2월 Wbaduk은 영문 버전 바둑 프로그램인 'Wbaduk'의 안드로이드 OS 버전을 출시하였다. 해외의 바둑팬들은 안드로이드용 Wbaduk을 기다리고 있었는데, 이를 통해 이제는 아이폰, 아이패드에서뿐만 아니라 모든 안드로이드 기종에서 영문 버전 바둑 Wbaduk을 둘 수 있게 되었다. Wbaduk 안드로이드 앱은 한글 버전인 오로바둑의 기능과 같은 기능을 갖고 있어 접속자와의 대국, 관전, 채팅, 프로중계, 묘수풀이, 바둑뉴스 등을 모두 즐길 수 있다.

사이버오로는 2013년 4월부터 '오로바둑' 스마트 TV 서비스를 시작하였다. 스마트 TV에서 실시간 대국과 프로대국 관전이 가능한 TV 바둑 앱 출시는 사이버오로가 최초이다. 오로바둑을 TV에서 즐기는 방법은 스마트폰이나 태블릿 PC에서 쓰는 방식과 거의 동일하다. 스마트 TV(구글 TV)에서 제공하는 마켓에서 오로바둑을 검색해 앱을 설치하면 된다. 현재 오로바둑 'TV 앱'은 'LG 유플러스 TVG' 서비스에서 설치 가능하다. TV 바둑이 PC를 쓰는 것과 차이가 있다면 마우스나 탭(터치) 대신 리모콘을 사용하여 착수한다는 점이다. TV 바둑으로 대국 시 리모컨의 방향키를 이용해 메뉴 간 이동과 정확한 착수 지점을 선택하면 된다.

'오로바둑' 스마트 TV 서비스

2012년 11월 프로기사 조혜연 9단의 묘수풀이 어플 '조혜연 창작사활'이 앱스토어에
등록되었다. 사활 문제는 조혜연 9단이 만들었고, 제작은 (주)씩스클릭이 하였다.

묘수풀이 어플 '조혜연 창작사활'

이 어플은 바둑 발전을 바라는 마음에서 평생 무료로 제공하고 있다. 어플은 다양한 기
력층을 대상으로 한다. 모든 문제는 조혜연이 100% 창작한 것으로 30급부터 프로 수준까
지 12단계로 세분화해 놓았다. 문제에 터치하면 정답과 오답 여부를 알 수 있고 문제마다
자세한 참고도가 실려 있다. 물론 참고도의 해설도 한국어와 영어 두 가지 버전이다. 이
앱은 아이폰, 아이패드용으로만 나와 있으며 안드로이드 기기 사용자는 사용할 수 없다.

 **학습활동**

소셜 미디어를 활용하여 대중들에게 바둑을 홍보할 수 있는 방안을 생각해 보고 이를 발표해 보자.

단원정리

---

1. 바둑과 미디어의 관계

바둑은 기존의 미디어와 결합하여 바둑 미디어를 만들어 내고 있다. 바둑과 인쇄 미디어가 결합하면서 신문과 잡지, 학습 서적, 정기 간행물 서적 등이 발행되었고, 바둑과 영상 미디어가 결합하면서 바둑 전문 방송이 운영되고 있다. 또한 바둑문화도 소셜 미디어를 활용하기 위해 변화를 시도하고 있다.

2. 바둑과 출판

바둑과 관련된 가장 오래된 미디어는 출판 미디어이다. 바둑의 문화적·사회적 요소와 기능은 직접 대국을 하거나 관전을 통해서도 느낄 수 있지만, 바둑서적을 통해서도 충분히 느낄 수 있으며 때로는 큰 감동을 얻기도 한다.

3. 바둑과 방송

본격적인 바둑 방송의 시대가 열리게 되면서 TV라는 매체의 특성에 맞도록 기전의 룰 변형과 대국 방식이 개발되고 있으며, 프로기사의 대국을 TV를 통해 실시간으로 시청하게 되면서 바둑팬들은 스포츠 경기를 관전하는 것과 유사한 재미를 느낄 수 있게 되었다.

4. 바둑과 인터넷

1990년대 초반 성행했던 '통신바둑'은 1990년대 중반 인터넷이 보편화되기 시작하면서 본격적으로 '인터넷 바둑'이 급증하게 되었고, 21세기에 들어선 현재 기업들이 참여하게 되면서 인터넷 바둑은 안정적인 시스템을 구축해 가고 있다.

5. 바둑과 소셜 미디어

미디어를 통해 사회적 네트워크를 형성하고 유지하는 새로운 커뮤니케이션 방식을 소셜 네트워크 서비스(SNS) 혹은 소셜 미디어(social media)라 한다. 이러한 소셜 미디어는 문서나 그림, 오디오, 비디오 등의 다양한 형태를 가지고 있다.

단원평가

01. (   )란 어떤 사실이나 정보를 담아서 수용자들에게 보내는 역할을 하는 매체(媒體) 혹은 매개체(媒介體)라 말할 수 있다.

02. 미디어의 순기능과 역기능에 대해 설명하시오.

03. 바둑과 미디어의 관계에 대해 설명하시오.

04. (   )은 우리나라를 대표하는 바둑 정론지로 바둑 보급을 창간 목표로 '상보, 강좌, 인물·문화, 심층 인터뷰, 권말부록' 등 바둑 관련 심층 보도를 통해 독자들의 기호에 맞게 구성하였고, 자연스럽게 바둑 인구의 확대로 이어졌다. 우리나라 바둑잡지로는 최초로 문화체육관광부로부터 '우수 잡지'로 선정되기도 했으며, 2009년 3월 호에 통권 500호를 맞이하게 되었다.

05. 바둑과 신문의 관계에 대해 설명하시오.

06. 바둑 방송의 발달사를 설명하시오.

07. (   )는 세계 최초의 바둑 전문 방송으로 1995년 12월에 개국하였다. 24시간 종일 방송을 통하여 연간 1,200편 이상의 프로그램을 자체 제작하고 있으며, 최근에는 생방송 중심의 편성과 주요 대형기전의 주최, 다양한 강좌물과 시청자 참여 프로그램 제작으로 시청자 만족을 위해 노력하고 있다.

08. 인터넷과 바둑의 관계에 대해 설명하시오.

09. (   )에는 수많은 정보가 널려 있기 때문에 정보의 홍수를 이루고 있으며, 현대인들은 개인 간의 통신은 물론 일상적인 업무의 상당 부분을 이것으로 처리하는 상황에 이르렀다. 지역적인 한계와 시간상의 제약을 초월할 수 있다는 장점으로 인해 가장 강력한 대중매체로 등장하게 되었다.

10. 웹(web)을 기반으로 하여 사람들이 기존의 인맥 관계를 강화시키거나 새로운 인맥을 만들 수 있는 서비스, 즉 미디어를 통해 사회적 네트워크를 형성하고 유지하는 새로운 커뮤니케이션 방식을 (   )라 한다.

11. 소셜 미디어의 특징에 대해 설명하시오.

Chapter 3

바둑 이벤트

오늘날 이벤트는 사회적으로 중요한 의미를 띠며 사람들이 서로 공존, 공유, 공감하면서 쌍방 간의 의사소통의 기능을 발휘해 나가는 데 기여하고 있다. 이벤트는 바둑 분야에도 도입되고 활용되는 과정에서 바둑문화를 대중화하는 역할을 하고 있다.

본 장에서는 이벤트의 개념과 구성 요소, 특징과 효과를 살펴보고, 바둑과 이벤트의 관계에 대해 알아보고자 한다.

▌학습목표
1. 이벤트의 개념과 특징을 설명할 수 있다.
2. 바둑과 이벤트의 관계를 설명할 수 있다.
3. 바둑 이벤트의 종류와 특징을 설명할 수 있다.

1. 이벤트의 정의

▌ 학습목표	1. 이벤트의 개념과 구성 요소를 설명할 수 있다.
	2. 이벤트의 특징과 효과를 설명할 수 있다.
	3. 바둑과 이벤트의 관계를 설명할 수 있다.

학습내용

고도로 발달한 물질문명 속에서 현대인들은 자신의 삶을 풍요롭게 하기 위해 다양화를 추구하고 있다. 이러한 시대적 흐름에 따라 발전된 이벤트의 개념과 효과를 살펴보고, 바둑과 이벤트의 관계에 대해 알아보자.

1) 이벤트의 개념과 구성 요소

이벤트(event)란 중요한 사건, 행사, 경기 분야에서의 종목, 시합을 의미하는 말로, 어원은 라틴어 'e-'(out, 밖으로)와 'venire'(to come, 오다)라는 뜻을 가진 'evenire'의 파생어인 'eventus'에서 유래되었다.

이벤트는 '발생되는 어떤 좋은 일, 또는 주목할 만한 일 또는 사건으로서, 예를 들면 결혼식, 시상식, 선발 대회, 스포츠 경기 등을 의미한다. 그래서 이벤트는 우연히 일어나거나 어떤 부정적인 사유로 인해 발생하는 사건과는 그 의미가 다르다.

이벤트는 자연 발생적으로 생기는 행사가 아니라 사람들이 인위적이고 의도적으로 기획한 것이다. 즉, 이벤트는 기획되고 인위적인 행사이면서도 좋은 일을 목적으로 한다는 전제가 충족되어야 한다. 예를 들어, 국제적인 동계 올림픽 대회가 개최된다고 할 때 사람들은 개최 지역의 자연 환경을 이용하여 슬로프를 만들고 각종 스포츠 경기를 기획하고 개최함으로써 이런 행사가 비로소 이벤트가 되는 것이다.

이벤트의 개최와 운영을 위해서는 매우 다양한 요소들이 필요하며, 이 요소들은 이벤트의 성패를 좌우할 만큼 중요한 요인으로 작용되고 있다. 그중 반드시 필요한 몇 가지 요소를 살펴보면 다음과 같다.

첫째, 이벤트의 개최 기간이다. 이벤트가 언제 개최되느냐 하는 것은 매우 중요한 요소라고 할 수 있다. 이벤트의 개최 기간에 따라 참가자의 관심과 접근성을 최대화하거나 또는 제한시킬 수 있기 때문이다. 따라서 이벤트의 개최 기간을 설정하기 위해서는 계절별 특성, 개최 월일, 요일, 시간대별 특성 등을 고려해야 한다.

둘째, 이벤트의 개최 장소이다. 이벤트의 개최 장소는 참가자에게 접근성을 부여하는 직접적인 요소라고 할 수 있다. 이벤트가 어디에서 개최되느냐에 따라 참가자의 구성과 분포가 달라질 수 있다. 이벤트의 개최 장소는 국내외, 전국 규모, 특정 도시 등 이벤트가 개최되는 지역과 호텔, 경기장, 공원 등 이벤트 프로그램이 운영되는 특정 장소로 크게 나눌 수 있다.

셋째, 이벤트의 참가 대상이다. 이벤트는 참가 대상에 따라 이벤트의 성격과 운영 프로그램이 달라질 수 있다. 누구를 위하여 이벤트를 개최하는가 하는 것은 이벤트의 기획과 운영에 중요한 영향을 미치기 때문에 이벤트의 참가 대상은 가능한 좁고 명확하게 하는 것이 좋다.

넷째, 이벤트의 개최 목적이다. 이벤트를 개최하는 목적에 따라 이벤트의 개념(concept)과 나머지 구성 요소의 결정 수준이 달라지므로, 개최 목적이 명확할수록 이벤트를 성공적으로 이끌 수 있다. 이벤트 개최 목적에는 지역사회와 관련된 목적과 판매 촉진, 기업의 촉진 목적, 국가 이미지 제고, 경제적 효과의 기대 등 이벤트의 성격에 따라 매우 다양하다.

다섯째, 이벤트의 내용이다. 이벤트의 내용은 이벤트의 주제와 그에 따른 각종 프로그램, 운영 및 연출 방법을 말한다. 이벤트 내용은 참가자가 가장 오랫동안 기억하는 요소이기 때문에, 독특하고 참신한 프로그램의 아이디어 창출과 체계적인 준비가 무엇보다도 중요하다.

2) 이벤트의 특징

이벤트는 반드시 현장이 있으며, 직접적인 쌍방향 커뮤니케이션이 이루어진다는 것이 주요한 특징이다. 신문이나 방송 등의 매스미디어는 수용자를 향해 일방적으로 메시지를 보내는 반면, 이벤트는 현장에서 발신자와 수신자가 직접 접촉하여 메시지를 주고받는다. 이 과정에서 참가자는 서로 동일하고 공유된 체험을 겪게 되고 현장에서 즉시 피드백(feedback)된다.

이벤트는 현장에서의 다양한 체험을 기본으로 하고 있다. 참가자는 시각과 청각만의 재미나 감동이 아니라 후각, 촉각, 미각 등 인간의 모든 감각을 통해 체험함으로써 이벤트의 감동과 경험을 오래 기억할 수 있다.

이벤트는 유익하고 공익적인 성격을 갖고 있다. 이벤트는 성격 자체가 직접적인 체험과 경험 공유를 전제하고 있으므로 참가자들에게 예술적 감흥이나 즐거움을 안겨 주게 된다. 따라서 그것이 나타내는 효과는 자연히 유익하고 공익성을 가질 수밖에 없다. 만약 공익성을 추구하지 않는 이벤트가 개최된다면 현장에서 참가자들로부터 외면받거나 거부될 수도 있다.

이벤트란 사전적으로 '사건, 행사, 시합, 발생한 일'을 뜻하고 있지만, 실제 사회에서는 '발생되는 어떤 좋은 일'로서 긍정적 의미로 통용되고 있다. 따라서 이벤트는 좋은 일에 대한 축원, 즐거움과 행복, 감동, 발전 지향 등의 긍정적 개념을 바탕으로 발생되는 의미가 내포되어 있다.

이벤트는 일상생활과 구별되어 빈번히 발생되지 않는 비일상성을 지니고 있다. 긍정적인 개념과 인위적으로 계획된 개념을 지니고 있다 하더라도 그것이 매일매일 부딪히게 되는 일상적인 활동이라면 이벤트로 간주할 수 없다. 이벤트가 특정한 시간과 장소에서 일시적이고 제한적으로 개최되기 때문에 많은 참가자들이 시간과 노력, 금전적인 부담을 하면서 직접적인 참여를 하는 것이다.

3) 이벤트의 효과

이벤트는 주최자, 참여자, 개최 지역 등 관계되는 모든 대상에게 매우 큰 효과와 영향을 미친다. 여기서는 이벤트의 효과를 경제적, 문화적, 사회적 효과로 나누어 살펴보자.

첫째, 이벤트는 경제적 효과가 있다. 이벤트를 통하여 얻을 수 있는 가장 큰 효과는 이벤트 개최지의 경제 활성화이다. 이벤트 개최를 통하여 물건의 구입이나 관광 수입, 교통이나 숙박 등 개최지의 경제 활성화에 기여하게 된다. 특히 세계박람회, 올림픽 게임 등의 규모가 큰 이벤트는 개최지에 미치는 관광 분야나 경제 분야의 파급효과가 매우 크다.

내수 창출은 모든 이벤트에서 나타나게 되며, 특히 규모가 큰 이벤트일수록 현저하게 볼 수 있는 효과이다. 이벤트 개최를 위해서 건설비, 운영비, 관련공공사업비, 관련민간 설비투자 등이 지출되면서 큰 생산유발효과를 갖게 된다. 이 과정에서 종래의 특정 산업에 이업종과의 교류의 장, 산업과 산업의 교류가 가속화되면서 결과적으로 시너지 효과를 얻어 기술 발전까지 촉진하게 된다.

이벤트의 개최는 자연스럽게 고용을 창출하게 된다. 이벤트와 직접 관련된 기업뿐만 아니라 업무를 효율적으로 추진하기 위해 필연적으로 고용을 늘리게 된다. 이렇게 고용이 이루어진 노동자들은 소비와 부가지출을 하게 되고, 그것에 의해 유발된 생산 활동은 또 다른 고용과 그에 의한 소득을 창출하게 된다. 이러한 파급효과는 결과적으로 국가나 지방자치단체의 세수 증가에 영향을 미치게 된다.

둘째, 이벤트는 문화적 효과가 있다. 어떤 문화든지 그 문화는 외부와의 끊임없는 교류를 통해, 다시 말해 기존 문화가 다른 문화와 합쳐져 더욱 성숙되고 발전해 나가게 된다. 이벤트는 기존 문화에 다른 문화를 접목시켜 주는 역할을 한다. 이벤트에 의해서 기존 문화와 관계가 없었던 다른 문화가 그 지역으로 들어와 그동안 지역에 내재하고 있던 문화성을 현재화하여 육성하기도 하며, 문화 수준이 향상되거나 문화의 수혜자가 증가되어 저변이 확대되기도 한다.

예를 들면, 부산 국제영화제나 광주 비엔날레 같은 문화 이벤트는 그 지역주민들에게 기존 문화뿐만 아니라 세계적인 외부 문화의 숨결을 느끼게 하여 주민들의 문화 수준을 더욱 높이고 새로운 문화를 경험할 수 있는 기회를 제공하는 결과를 가져왔다.

특히 관광자원 요소로써 지역의 고유한 것이나 시민적인 것 중에 존재하는 문화적 특성들을 기초로 한 지역 문화를 이벤트로 만드는 경우에는 그 과정에서 지역사회의 고유한 문화 자원의 원형을 발굴하고 보전하며 계승 및 발전시키려는 노력도 자연스럽게 이루어진다.

셋째, 이벤트는 사회적 효과가 있다. 이벤트에 참가하는 사람들은 자신들도 모르는 사이에 깊은 공감대를 형성하게 되고 감동을 얻게 된다. 특히 공동체 의식을 반영한 지역 축제나 문화 이벤트에 참가한 경우에는 참가자들에게 더욱 깊게 공감대가 형성된다. 이러한 공감대를 기초로 하는 공동체적 유대감의 형성은 국가나 지방자치단체의 발전을 가속화시킬 수 있는 에너지로 승화될 수 있다. 지난 2002년 월드컵의 경우 우리 모두에게 대한민국 국민이라는 귀속감을 그 어느 때보다 높여 주었고, 강한 유대감과 함께 공감대를 형성하는 데 기여하였다.

이벤트는 참가자들을 물질에서 벗어나게 하고 현대인의 정신적 풍요로움을 더해 주는 데 기여한다. 경제와 문화 수준이 향상될수록 사람들의 욕구는 확대되고 다양화된다. 자신을 중시하고 삶의 질을 높이고자 하는 이런 현대인들의 욕구 변화에 가장 잘 대응할 수 있는 것이 이벤트이며 이벤트는 정신적 안정에 기여한다고 할 수 있다.

이벤트는 지역간, 국제간 교류를 촉진시킨다. 다양한 규모의 이벤트는 지역간의 활발한 교류를 활성화시키면서 우리 사회의 발전에 도움을 주기도 하며, 국제 교류를 촉진시켜 국가의 지명도를 높이거나 이미지를 개선시키기도 한다. 이는 자연스럽게 지역 주민이나 국민의 국제 감각을 넓히고, 생활의 폭을 넓히는 데도 기여하게 된다.

4) 바둑 이벤트

바둑과 관련된 이벤트의 대부분은 바둑대회의 형식으로 진행되고 있다. 현재 한국에서는 아마추어 바둑기사(이하 아마기사)들이 참가하는 아마추어 바둑대회와 프로기사들이 참가하는 프로기사 바둑대회가 거의 매주 다양하게 개최되고 있다.

아마추어 바둑대회는 (사)대한바둑협회가 후원사와 공동 주관하는 대회로 바둑팬들 간의 친선을 도모하며 기예를 겨루는 행사이다. 아마추어 바둑대회는 참가 자격에 따라 전국대회, 지역대회, 학생대회, 어린이대회, 여성대회, 장애인대회, 세계대회로 나누어지며 연간 60여 개의 국내대회와 4개의 국제대회가 개최되고 있다.

'아마국수전, 이창호배 전국바둑대회, 덕영배 대왕전'과 같이 아마추어 강자들이 참가하는 전국 규모의 바둑대회는 프로기전과 비슷한 방식으로 진행되고 있으며 우승 상금의 규모도 크다. '충북바둑협회장배, 익산시장배 시민대회, 경남도지사배 도민바둑대회'와 같이 지방자치단체에서 개최하는 바둑대회는 해당 지역에 거주하는 시민이라면 어린이에서 노인까지 누구나 참여가 가능하다. 학생대회와 어린이대회는 '인천교육감배 학생바둑대회, 대전교육감배, 부산교육감배'와 같이 각 지역의 교육청에서 주최하는 경우가 많다. 모든 대회에는 여성부가 따로 편성되어 있어 여성의 대회 참가가 가능하며, 국내 거주 여성만 참가할 수 있는 여성대회는 현재 '한국아마추어여성바둑연맹, 농심새우깡배 여류국수전, 여성연맹회장배 바둑대회' 3개가 개최되고 있다. 장애인대회도 3개의 대회가 개최되고 있는데 '장애인바둑대회, 전국농아인바둑대회, 전국장애인바둑대회'가 있다.

대한바둑협회가 주관하는 세계아마추어 바둑대회는 어린이가 참가하는 '대한생명배 세계어린이국수전', 청소년이 참가하는 '세계청소년바둑대축제', 시니어가 참가하는 '김인국수배 국제시니어대회' 각국 대표 선수가 참가하는 '국무총리배 세계아마바둑선수권대회'가 있다. 특히 2006년 제1회 국무총리배 세계아마바둑선수권대회가 개최되면서 한국 아마바둑은 국제적 위상과 활동 영역이 세계로 넓혀지게 되었으며, 대회 기간 동안 다양한 바둑문화행사를 함께 진행하면서 대회에 참가한 대표 선수와 임원들에게 호평을 받기도 했다.

프로기사 바둑대회는 재단법인 한국기원이 후원사와 공동 주관하는 대회로 한국기원의 소속 프로기사가 참가한다. 프로기전의 종류는 전체 기사가 참가할 수 있는 일반기전과 나이와 단 등 참가 자격 자체에 제한을 둔 제한기전, 그리고 세계기전으로 크게 나눌 수 있으며, 여자 프로기전의 경우 여자세계기전과 일반기전으로 분류할 수 있다. 현재 한국기원에서 주관하고 있는 프로기전은 1948년 사상 첫 제1회 프로대회가 열린 이래 현재 국내대회와 국제대회 등 20여 개의 대회가 개최되고 있으며, 총 기전 규모는 130억 원을 상회하고 있다.

이와 같은 바둑대회는 주최 측의 기획 배경과 대회 개최 목적에 따라 시합형 바둑 이벤트, 축제형 바둑 이벤트, 복합형 바둑 이벤트로 나누어 볼 수 있다.

시합형 바둑 이벤트는 바둑의 속성 중 게임의 요소를 지니고 있다. 게임으로서의 바둑관은 프로기사들이 갖고 있는 관(觀)이다. 게임이란 규칙을 정해 놓고 승부를 겨루는 놀이·경기로, 승부를 겨루는 것에 주안점을 둔 전문 선수들에게 있어 바둑은 정해진 규칙에 의해 경쟁을 하는 게임이 된다. 바둑을 재미있게 만드는 요인 중의 하나는 전쟁을 주제로 하고 있다는 점이며, 특히 바둑이 승부를 다투는 하나의 게임이라는 점도 흥미성의 원천이 된다. 시합형 바둑 이벤트는 바둑을 두는 대국자가 즐거움과 쾌감을 느낄 수 있도록 기대하고 있다.

축제형 바둑 이벤트는 바둑의 속성 중 놀이이자 여가의 요소를 지니고 있다. 예로부터 최고의 유희로 인정받았던 바둑은 소수의 상류층이 즐기던 여가 수단으로 널리 이용되어 왔다. 바둑은 취미 삼매경에 빠질 만큼 재미있는 속성, 즉 놀이의 중요한 특징인 몰입을 내포함과 동시에 여가선용의 기능, 두뇌 향상 기능, 사회적 기능, 교육적 기능 등 다양한 기능을 통해 우리의 삶에 영향을 끼쳐 왔다. 축제형 바둑 이벤트는 바둑을 통해 여가를 즐기는 놀이로서 대중에게 어필할 수 있도록 기대하고 있다.

복합형 바둑 이벤트는 시합형과 축제형이 혼합된 형태로 승부를 겨루는 게임의 요소와 흥미진진한 놀이의 요소를 동시에 지니고 있다.

다음 장에서 시합형 바둑 이벤트, 축제형 바둑 이벤트, 복합형 바둑 이벤트의 대표적인 사례를 살펴보자.

 **학습활동**

우리 지역에서 개최되고 있는 이벤트를 하나 선정하고, 그러한 이벤트가 어떤 효과와 영향을 끼쳤는지 생각해 보고 이를 발표해 보자.

2. 시합형 바둑 이벤트

▌ 학습목표	1. 시합형 바둑 이벤트의 특징을 설명할 수 있다. 2. 시합형 바둑 이벤트의 종류를 설명할 수 있다. 3. 다양한 경기 방식을 설명할 수 있다.

학습내용

시합형 바둑 이벤트는 바둑의 속성 중 승부를 겨루는 것에 주안점을 두고 있다. 시합형 바둑 이벤트의 특징과 종류를 살펴보고, 다양한 경기 방식에 대해 알아보자.

1) 바둑리그

2014 KB국민은행 바둑리그(구 한국바둑리그)는 국내기전에서 가장 규모가 큰 대회로 2004년 국내 최초로 스포츠 바둑리그를 표방하면서 개최된 방송기전이다. 11회째를 맞이한 바둑리그의 총규모는 34억 원, 우승 상금은 2억 원이다. 바둑리그는 신안군(신안천일염), 티브로드홀딩스(티브로드), KGC인삼공사(정관장), CJ E&M(CJ E&M), 포스코켐텍(포스코켐텍), SK에너지(SK엔크린), GS칼텍스(Kixx팀), 화성시(화성시코리요) 등 모두 8개 팀 40명(팀당 5명)이 출전한다.

8개월간 열리는 정규리그는 8개 팀이 더블리그로 총 14라운드를 펼쳐 포스트시즌에 진출할 4팀을 가리며, 이후 상위 4팀이 스텝레더 방식으로 챔피언을 결정한다. 바둑리그는 운영 방식을 개편하면서 예선전을 없애고 선수 전원을 드래프트 방식으로 선발하였다. 아울러 2부리그 격으로 2012년 신설한 '락스타리그'의 명칭을 '퓨처스리그'로 바꾸고 여자 선수 의무 선발도 폐지하였다. 대국 방식도 종전 속기 4판, 장고 1판이던 것을 장고 3판, 속기 2판으로 변경했고, 승자 대국료를 400만 원으로 대폭 인상하였다.

바둑리그의 가장 큰 특징은 프로 스포츠의 드래프트제를 도입한 선수 지명 방식과 바둑TV를 통해 생중계 되는 100% 방송형 기전이라는 점으로 한국 프로바둑계의 흐름을 바꾸어 놓았다. 바둑리그는 1999년부터 중국에서 전격 도입된 중국 바둑리그를 보고 기획되었다. 중국 바둑리그는 유럽식 프로축구 구단제가 모델이 되어 만들어진 형태로 중앙방송인 CCTV-5 채널에서 매번 대국 결과를 집계하고 보도하였다. 그 결과 전국적으로 붐과 스폰서의 영입 등으로 경제 효과를 누리게 되면서, 매년 바둑리그에 들어오는 스폰서 금액이 1,000만 위안(한화 약 17억)을 상회하며 중국기원의 재정에 큰 보탬이 되고 있다.

국내 최초로 스포츠 바둑리그를 표방하면서 개최된 방송기전 '바둑리그'

한편, 아마추어 바둑기사(이하 아마기사) 역시 스포츠 바둑리그를 표방한 기전에 참가하고 있다. 아마추어 바둑인의 발전과 화합을 도모하기 위해 출범한 내셔널 바둑리그는 전국의 지방자치단체와 기업체, 시도바둑협회가 한마음이 되어 창설된 아마기사들의 바둑 단체전이다.

총 규모 5억 원인 '하나은행 2014 내셔널 바둑리그'는 하나은행이 후원하고 대한바둑협회와 K-바둑이 주최·주관한다. 11라운드 66경기 총 330국의 정규리그를 치르고, 상위 여섯 팀은 포스트시즌에 진출해 최종 우승팀을 가리게 된다. 대회 주요 대국을 사이버오로가 수순중계하며, K-바둑이 정규리그 22편, 포스트시즌 25편을 녹화 또는 생중계한다.

내셔널바둑리그는 서울건화, 서울천일해운, 경기화성시, 경기고양시, 경기의정부, 인천에몬스, 대구덕영, 광주무돌, 부산데코스위치, 충청북도, 경남함양, 전남순천만정원, 전북알룩스 등 13개 팀이 출전한다. 각 팀은 5명으로 구성되는데 주니어(19세 이상 40세

미만) 2명과 시니어(40세 이상) 2명, 그리고 여성 1명(나이 제한 없음)으로 총 65명의 선수가 참가하게 된다.

　내셔널 바둑리그는 팀마다 주니어, 시니어, 여성 등 나이와 성별로 구분해 선수를 보유한다. 주니어는 주니어끼리만 대국하도록 되어 있지만 시니어와 여성은 같은 구분의 선수끼리 만날 수도 있고 시니어와 여성이 만날 수도 있다. 이는 내셔널 바둑리그의 독특한 특성이라 할 수 있다.

아마추어 바둑인의 발전과 화합을 도모하기 위해 출범한 '내셔널 바둑리그'

2) 전국체전 바둑대회

　전국체전 바둑대회는 2003년 제84회 전국체육대회의 전시종목으로 바둑이 채택되어 처음으로 전국 16개 시도의 대표 선수들이 대회에 참가하게 되었다. 일반부, 학생부, 여성부, 어린이부, 전국 16개 시도에서 각 부문 4명씩, 16명이 1개 팀을 이루어 총 256명이 출전해 경기를 펼치고 있다. 시상도 체전 방식대로 금, 은, 동메달이 수여되며, 종합 순위도 점수별로 집계된다.

　본 대회의 참가는 한국 바둑계의 한 획을 긋는 사건으로 2001년부터 진행한 바둑의 스포츠화 노력과 바둑의 스포츠화 찬성에 대한 100만인 서명운동의 결실로, 두뇌 스포츠로서 바둑의 위상 정립과 앞으로의 활동 범위 확대에 긍정적인 영향을 미칠 것으로 예상된다.

　바둑은 제84회 전국체전에서 전시종목으로 채택된 이후 무려 11년 만인 2014년에 시범종목으로 한 단계 승격하게 되었다. 대한체육회는 바둑을 제95회 전국체육대회(전국체전) 시범종목으로 채택하기로 결정하면서 바둑은 명실상부한 스포츠 종목으로 자리매김하기 위해 반드시 거쳐야 할 중요한 관문 하나를 힘겹게 통과하게 되었다. 이에 따라 바둑계의 숙원인 전국체전 정식종목 채택이 2~3년 안에 이뤄질 수 있을 것으로 기대된다.

전국 16개 시도의 대표 선수들이 참가하는 '전국체전 바둑대회'

📖 읽어보기

11년 기다린 승격… 정식종목 채택 꿈 영근다

대한체육회는 1일 이사회를 열어 바둑을 오는 10월 제주에서 열리는 제95회 전국체육대회(전국체전) 시범종목으로 채택키로 결정했다. 바둑은 전통적으로 문화 혹은 예도로 간주돼 오다가 2000년대에 들어오면서부터 체육으로 전환이 추진됐다. 2002년 한국기원이 대한체육회로부터 인정단체 승인을 받았고 이듬해인 2003년부터 지난해까지 11년 동안 줄곧 전시종목(후에 동호인종목으로 명칭 변경)으로 전국체전에 참여해 왔다. 전국체전에서 신규 종목이 인정단체 단계에서 바로 전시종목으로 채택된 것은 바둑이 첫 번째 사례로, 당시 체전 개최지인 전북 부안군이 적극적으로 밀어붙여 가능했던 일이다. 이후 바둑의 체육화 작업이 빠르게 진행됐다. 2005년 대한바둑협회가 창립돼 한국기원으로부터 '체육으로서의 바둑' 관련 업무를 넘겨받았고, 2006년 대한체육회 준가맹단체를 거쳐 2009년에 정가맹단체로 승격했다. 드디어 바둑이 어엿한 스포츠 종목이라는 사실을 체육계로부터 공식적으로 인정받게 된 것이다.

이후 전국 16개 시도에 바둑협회가 속속 설립됐고, 국무총리배 세계아마바둑선수권대회를 비롯해 크고 작은 국내외 아마추어대회가 잇달아 개최됐다. 특히 2010년에는 중국 광저우에서 열린 제16회 아시안게임에서 바둑이 정식종목으로 채택됐다. 한국 바둑선수단은 남자단체전, 여자단체전, 남녀혼성페어 등 바둑 종목에 걸린 금메달 3개를 싹쓸이해 한국이 아시안게임서 4회 연속 종합 2위를 지키는 데 크게 기여했다.

그럼에도 불구하고 바둑계의 숙원인 전국체전 정식종목 채택은 좀처럼 이뤄지지 않았다. 신규종목이 전국체전 전시종목으로 지정된 후 3~4년 정도 지나면 대부분 시범종목으로 승격하는 게 통상적인 절차였지만 바둑의 경우에는 체육계의 엄격한 기준 적용으로 인해 계속 전시종목에 머물렀다. 특히 전국 16개 시도바둑협회 가운데 8개 이상이 해당 시도체육회의 정가맹단체가 되어야 한다는 조항에 걸려 아예 정식종목 지정 신청조차 제대로 하지 못했다. 그러다 마침내 2012년에 부산, 대구, 광주, 인천,

3) 세계아마바둑선수권

세계아마바둑선수권(World Amateur Go Championship) 대회는 1979년 일본 동경에서 처음으로 개최되었다. 일본이 해외에 바둑을 보급하기 위해 마련한 아마추어 바둑대회로 각국을 대표하는 선수가 1명씩 출전하고 있다. 30년 동안은 일본에서 각 도시를 순회하며 개최되었고, 2010년부터는 일본 외의 다른 국가에서 개최되기도 한다. 2010년과 2012년에는 중국에서, 2014년에는 한국에서, 2015년에는 태국에서 개최될 예정이다.

1979년 제1회 대회에는 15개국만 참여하였지만 계속되는 바둑 보급의 노력으로 2014년 제35회 대회에는 55개국(아시아 14개국, 유럽 31개국, 아프리카 2개국, 미주 6개국, 오세아니아 2개국)이 참여하게 되었다. 이 대회는 바둑을 전 세계에 알린다는 취지에서 출발하여 참가 선수의 모든 경비를 지원해 왔지만, 2010년부터 교통비의 반액을 지원하다가 상황에 따라서 지원하지 않는 경우도 생기고 있다. 참가 선수 선발은 일본에서 각 국가의 바둑협회에 공문을 발송하게 되면, 해당 국가에서 자체적으로 선수를 선발하여 참가자를 결정하게 된다. 경기 방식은 8라운드 스위스리그 방식으로 진행되고, 모든 경기는 호선으로 진행되며 덤은 6.5집이 적용된다.

세계아마바둑선수권(World Amateur Go Championship) 대회

4) 입단대회

입단대회는 프로기사를 선발하는 대회로 오랜 시간 동안 많은 변화를 거치면서 현재에 이르고 있다. 현재 한국기원은 2010년 개정한 입단제도를 통해 2011년부터 매년 12명의 입단자를 선발하고 있다. 1월에 개최되는 일반입단대회에서 7명, 7~8월에 개최되는 여자입단대회에서 2명, 만 15세 미만을 대상으로 하는 영재입단대회에서 2명, 지역연구생 입단대회에서 1명을 선발하고 있다.

영재입단대회는 입단 지망자 감소와 바둑영재들의 중도 포기를 막기 위해 신설된 영재입단제도이다. 2010년 9월 열린 정기 기사총회에서 '한국기원 프로기사 입단제도 개선 방안' 중 하나로 채택됐으며, 그해 10월 열린 한국기원 91회 상임이사회에서 최종 의결되었다. 2012년 7월 열린 제1회 대회에서 신진서 군과 신민준 군이 입단하게 되었다.

이 외에 포인트 입단제도가 생겨나 특별 입단의 혜택이 주어지게 되었다. '오픈기전 점수제에 의한 아마추어 특별 입단의 건'은 2009년 7월 제87회 한국기원 상임이사회에서 참석이사 전원의 찬성으로 의결된 바 있다. 한국기원은 프로기전을 아마추어에게 오픈하는 추세에 따라 입단의 문호를 열어 줌으로써 아마 강자들을 포용하고 기량 향상을 독려하기 위한 취지로 포인트 입단제도를 만들게 되었다.

프로기사를 선발하는 '입단대회'

최근에는 한국, 중국, 일본, 대만에만 있던 프로기사 제도가 동양권을 벗어나 조금씩 확산되고 있는 추세이다. 미국에서는 2012년에 처음으로 미국인과 캐나다인이 참여하는 미국입단대회가 개최되었다. 미국바둑협회와 MOU를 맺은 인터넷 바둑 사이트 타이젬

이 2012년 6월 9일부터 7월 1일까지 타이젬 대국실에서 온라인 예선(1st AGA- TygemGo Pro Online)을 진행하며 미국 입단대회가 원활히 진행될 수 있도록 비용을 지원하였다.

미국프로입단대회 본선(1st AGA-TygemGo Pro Finals)은 7월 29일부터 8월 4일까지 미국 노스 케롤라이나에서 진행되었다. 시합 방식은 토너먼트 패자부활 방식인 더블 엘리미네이션이며, 제한 시간은 각자 90분에 40초 초읽기 5회이다. 이 대회에서 중국계 기사 Andy Liu(미국)와 Gan Sheng Shi(캐나다)가 입단하게 되었다. 이들은 이번 입단으로 한국기원의 오픈 기전 삼성화재배, LG배, 비씨카드배, olleh배, 명인전에 참가할 수 있는 자격을 얻었으며, 본인이 한국 바둑도장에서 수련을 원할 경우 한국기원의 지원(6개월 간 60만원)을 받을 수 있게 되었다.

미국프로입단대회 본선(1st AGA-TygemGo Pro Finals)

유럽에서는 2014년 5월에 제1회 유럽입단대회가 개최되었다. CEGO와 사이버오로의 영문 서버 Wbaduk이 협력하고 유럽바둑협회(EGF)가 주최하는 유럽입단대회는 유럽바둑협회 랭킹 상위자, 2013 유럽챔피언십 상위 멤버, 2013 세계아마바둑선수권 성적 우수자 등 16명의 유럽 아마강자들이 참가하였다. 참가 자격은 40세 미만의 유럽 여권을 소지하고 있는 자이다.

유럽입단대회는 5월 23일 프랑스 스트라스부르크(Strassburg)에서 1, 2라운드가 진행되었으며, 5월 29일 네덜란드 암스테르담(Amsterdam)에서 3, 4라운드, 6월 20일 오스트리아 비엔나(Vienna)에서 5, 6라운드 더블 엘리미네이션 방식으로 진행되었다. 4승을 하면 가장 먼저 프로기사가 될 수 있고, 1패자들은 패자조에서 한 번의 기회를 더 가져 5승 1패가 되면 2번째 프로기사가 될 수 있다.

룰은 중국식을 택하여 덤은 7집반으로 하였으며, 초시계와 바둑알은 일본식을 채택하고 초읽기는 캐나다식을 사용하였다. 제한 시간은 90분에 초읽기는 캐나다식으로 10분에 25수를 두는 룰이다. 한국에서는 익숙하지 않은 룰이지만 서양에서는 이미 사용한지 오래된 룰이다.

(좌)유럽입단대회 모습과 (우)시험을 통과한 프로기사

이 대회에서 슬로바키아의 파볼 리시(Pavol lisy)가 4전 전승을 거두고 유럽 최초의 자체 시험을 통과한 프로기사가 되었고, 이스라엘의 알리 자바린(Ali Jabarin)이 유럽의 두 번째 프로기사가 되었다.

바둑 세계화 첫 결실,
미국바둑협회 프로바둑 시스템 도입

한국기원 양재호 사무총장과 앤드류 오쿤 미국바둑협회 이사장이
양 협회간 MOU 체결 문서에 서명하고 있다

2006년부터 추진한 바둑 세계화사업이 미국에서부터 결실을 맺었다. 내한 중인 미국바둑협회(American Go Association)의 앤드류 오쿤(Andrew Okun) 이사장은 12월 19일 한국기원을 방문해 프로 시스템 도입을 위한 협약을 체결한다. 협약의 주요 내용은 미국바둑협회 소속 프로기사는 한국기원의 오픈 기전(삼성화재배, LG배, 비씨카드배, 올레배, 명인전)에 참가할 수 있고, 한국의 바둑도장에서 수련을 원할 경우 6개월간 60만 원의 수업료를 한국기원이 지원(동시기에 2명으로 제한)하는 것.

미국바둑협회는 인터넷 바둑 사이트 타이젬 등의 후원을 받아 입단대회(2012)와 프로기전도 개최하겠다는 계획을 세우고 있다. 기사는 있지만 프로 입단과 기전은 없던 미국 바둑계에서 가히 혁신적이라할 만큼 새로운 움직임을 이끌고 있는 인물은 김명완 8단이다. 2008년부터 미국에서 보급 활동을 벌이고 있는 김8단은 올해 미국바둑협회(AGA)의 프로제도위원장이 되면서 미국의 프로바둑 시스템을 이끌고 있다.

바둑의 세계 보급을 위해서는 영향력이 강한 미국의 활성화가 중요하다고 판단해 온 한국기원은 김8단의 중계로 미국 바둑계의 프로 시스템 구축을 적극 돕기로 하고, 미국바둑협회와 협약(MOU)를 체결하게 됐다. 미국의 프로제도 운영으로 인해 프로바둑의 물결은 동아시아권을 넘게 됐으며, 바둑의 세계화 역시 급물살을 탈 전망이다.

한국기원 보도자료. 2011년 12월 16일.

학습활동

■ 활동 1 ■ 시합형 바둑 이벤트 소개　　　　ACTIVITY

　현재 개최되고 있는 시합형 바둑 이벤트 중 하나를 선정한 뒤, 어떤 방식으로 이벤트가 개최되고 있는지 조사하여 발표해 보자.

3. 축제형 바둑 이벤트

학습내용

축제형 바둑 이벤트는 바둑의 속성 중 놀이이자 여가의 요소를 지니고 있다. 현재 한국에서는 바둑축제, 교류전, 친선대회 등 다양한 바둑 이벤트가 개최되고 있다. 축제형 바둑 이벤트의 특징과 종류를 살펴보자.

1) 바둑리그 지방 투어

현재 한국에서는 바둑축제도 다양한 방식으로 개최되고 있어 바둑의 다양한 멋을 즐기는 데 도움을 주고 있다. 가장 대표적인 축제형 바둑 이벤트로 <바둑리그 지방 투어>를 꼽을 수 있다. 2006년 한국 바둑 사상 최초로 관중이 직접 지켜보는 가운데 대국을 벌여 화제가 되었다. 그동안 바둑 경기는 고도의 집중력이 요구된다는 바둑의 특성 때문에 프로기사들은 공개 대국을 꺼려 왔고, 따라서 바둑팬들은 대국자의 생생한 모습을 볼 수 없었다.

그러나 바둑리그는 '팬이 없는 바둑은 더 이상 흥행할 수 없다'는 판단 아래 부산을 시작으로 인천, 대구 등 지방 투어를 진행하기 시작하였다. 방송을 결합한 바둑리그 지방 투어는 오픈 대국장을 찾은 바둑팬들에게 공개대국과 공개해설, 다양한 이벤트 및 푸짐한 경품으로 즐거움을 주었고, 바둑TV 시청자들에게는 현장에서 실시간 관전을 하는 듯한 짜릿한 현장감을 선사하였다.

바둑리그 지방 투어 모습

바둑리그는 국내를 넘어 해외 바둑팬들에게도 바둑을 알리기 위해 <아시아 투어>도 진행하였다. 2006년 1월에는 'KB국민은행 2006 한국바둑리그'의 우승팀 KIXX의 감독과 선수, 바둑리그 관계자들이 한데 모여 바둑 붐이 일고 있는 태국을 방문하였다. 태국 CP그룹의 연수원인 Tara Park에서 공식 행사와 지도다면기가 진행되었으며, 태국에서 바둑 보급을 하고 있는 중국의 프로기사 ShiJinBo(史金帛) 3단이 최철한 9단의 다면기를 공개 해설하였다. 이날의 공식 행사는 팬 사인회와 기념 촬영으로 마무리되었다.

바둑리그 <아시아 투어> 태국 방문 모습

2007년 1월에는 'KB국민은행 2007 한국바둑리그'의 우승팀 영남일보의 감독과 선수, 8개 팀 감독과 관계자들이 바둑 불모지인 베트남 호치민을 방문하여 지도다면기와 특별 지도기 등을 진행하였다.

2014년 9월에는 '2014 KB 국민은행 바둑리그' 화성시코리요의 프로기사들과 영원한 바둑황제 조훈현 9단이 경기도 화성시 용주사 효행 문화원에서 진행된 <2014 정조대왕 孝 전국바둑축제>에 참가하며 시민 바둑팬과 1박 2일 바둑축제를 즐겼다. 전국의 아마 기사들이 참가하는 일반 부문 외에도 '산사에서 즐기는 힐링 바둑축제'를 모토로 1박 2 일 동안 치러지는 가족 페어 부문이 신설되어 효의 의미를 되새기고 승부 외에 바둑을 통한 힐링을 할 수 있는 자리가 마련되기도 하였다. 1박 2일로 진행된 페어 부문은 조 손, 부부, 부자(녀), 모자(녀), 형제, 자매 등 한 가족이 팀으로 참가하는 가족 부문과 친 구와 친지가 함께 참여하는 일반부로 나누어졌으며 지도다면기와 사인회, 조훈현 9단의 토크 콘서트 등이 진행되면서 프로기사와 바둑팬들이 소통하고 공감하는 자리가 되었다.

2014 정조대왕 孝 전국바둑축제

2) 청풍명월배

　그동안의 바둑대회는 기예를 겨루는 방식으로 강자 위주의 시합·대회의 성격이 강하였지만, 최근 들어 친선을 도모하고 대회가 아닌 축제로 승화시키는 방식으로 변화하고 있다. 대표적인 축제형 바둑 이벤트로 '청풍명월배'를 들 수 있다.

　2001년 시작된 청풍명월 바둑축제는 승부 위주 바둑대회의 위압감으로부터 벗어나 보자는 취지에서 전국의 바둑동호인들이 자연을 벗 삼아 바둑을 즐길 수 있는 자리로 기획되었다. 참가팀은 18급부터 프로 9단까지 5인 1조의 단체로 자유롭게 구성할 수 있으며, 초읽기 없이 자유생각시간을 적용한 무제한의 대국 시간과 칫수대국, 팀의 총 승수와 참가 연령을 적용해 우승팀을 가린다는 재미있는 대국 규정으로 대회의 분위기는 시종일관 화기애애하다. 상위 입상팀 외에도 부부 참가자, 자매 참가자, 최연소상, 공로상 등 다양한 상을 시상하며, 바둑계 사상 최초의 바둑가요제까지 마련되어 참가자들의 큰 호응을 얻고 있다.

축제형 바둑 이벤트 '청풍명월 바둑축제'

3) 바둑 템플스테이

충남 서산 서광사(瑞光寺)에서는 바둑과 명상이 결합된 바둑 템플스테이 '각수삼매(깨 달음의 한 수를 찾아 떠나는 여행)'를 운영해 오고 있다. 바둑 템플스테이는 사찰에서 머물며 1박 2일~2박 3일 동안 수련하는 프로그램으로 바둑교실, 연구실, 각 지역 및 직 장 동호회 등을 주요 참가 대상으로 하고 있다.

바둑 템플스테이 '각수삼매'

고도의 집중력을 요하는 바둑에 필요한 것이 심신의 안정이며, 따라서 이것을 돕는 '참선명상, 요가행법, 기공체조, 촛불 축원과 단전호흡, 오솔길 산책, 간월도 탐방' 등을 참가자들은 체험할 수 있다. 바둑의 기술적인 부분도 프로기사 및 아마 강자들의 강의를 통해 심층적으로 공부할 수 있으며, 일반인도 흥미롭게 수련할 수 있도록 서산 바다의 갯벌체험, 캠프파이어 등의 레크리에이션도 운영되고 있다.

4) 시민과 함께하는 바둑대축제

'KBS바둑대축제'는 대한민국의 대표적인 공영방송사인 KBS에서 개최하였다. 1,000 만 바둑팬이 동참하고 하나 되는 축제의 장을 마련하자는 취지에서 '프로기사 친선대국, 혼성연기대국, 연예인과 일반인이 겨루는 9줄 릴레이대국, 회전다면기, 해외 한민족 화 상 사이버대국, 조훈현 9단의 슈퍼대국(n:1대국), 명사초청 대국' 등의 다채로운 이벤트 가 기획되었다.

KBS 바둑대축제

'거리바둑축제'는 2007년 서울시 종로구의 청계천 4가 세운교 광장에서 열렸다. 바둑축제는 4월 28일부터 5월 6일까지 열흘간 진행되는 2007 Hi Seoul Festival 프로그램의 하나로 참여하였다. 행사장은 대회 공고를 보고 찾아온 고사리손의 어린 기재들과 학부형, 봄 날씨를 맞아 청계천을 거닐던 인파가 몰려들어 약 100여명 가량의 팬들이 대성황을 이뤘다.

14회를 맞는 거리바둑축제는 그동안 지하철 역사, 남산, 시청역 광장 등에서 치러졌었다. 행사는 참가비 없이 일반 바둑팬들을 상대로 한 지도다면기 및 초보자 강의, 바둑퀴즈, 아홉줄 바둑대회 등 다채로운 이벤트로 꾸며졌으며, 참가자에게는 기념 티셔츠와 푸짐한 사은품을 제공하였다.

Hi Seoul Festival의 '거리바둑축제'

'서울시민과 함께하는 명지바둑페스티벌'은 2008년부터 서울시청 앞 광장에서 개최되었다. 바둑을 통해 바람직한 여가 문화의 확산을 유도하고 한국 문화를 알리고자 하는 취지에서 명지대학교 바둑학과가 기획한 이 행사는 명지대학교 출신 프로기사들의 지도

다면기와 팬 사인회, 바둑문제 퀴즈, 코스프레 등 다양한 부대 행사가 마련되어 시민들과 바둑축제를 즐기기도 했다.

서울시민과 함께하는 명지 바둑 페스티벌

'하이원리조트배 명인전과 함께하는 왕십리 바둑축제 한마당'은 2009년 서울 성동구 왕십리에서 국내 최초 자선바자회 형식으로 열렸다. 바둑팬과 바둑 관계자 등 500여 명이 참가한 본 행사에서는 유명 프로기사 지도다면기, 공개해설을 비롯해 자선바자회, 릴레이바둑, 오목, 팬 사인회 등 다채로운 부대 행사가 마련되었다. 특히 프로기사들이 소장품을 기부한 '프로기사 자선바자회'가 열려 바둑팬들의 큰 호응을 받았으며, 현장 판매 수익금 전액은 한국기원이 소재해 있는 성동구청에 불우이웃돕기 성금으로 기부되었다.

하이원리조트배 명인전과 함께하는 왕십리 바둑축제 한마당

프로기전의 후원사에서 마련하는 축제도 있다. '지지옥션배 여류 대 시니어 연승대항전'은 여류 팀과 시니어 팀으로 나뉘어 연승전 형식으로 벌어지며 제한 시간은 각 10분, 30초 3회가 주어지는 대회이다. 이 대회는 바둑계 최초로 본선 진출자 24명과 바둑팬들

이 함께 떠나는 '1박 2일' 이벤트를 기획하여 신선한 재미를 선사하였다.

지지옥션 1박 2일 프로그램은 기존의 보기만 하는 바둑대회에서 함께 어울리는 즐거운 바둑대회로의 새로운 시도였다. 딱딱하고 정적이라는 편견을 가지기 쉬운 바둑에 대해 누구나 재미있게 즐길 수 있다는 새로운 시도로 행사를 기획하였다. 경기도 가평군 설악면의 유명산장에서 1박 2일 동안 '공개해설, 본선대국, 지도대국, 만찬, 레크리에이션' 등 다양한 바둑 이벤트 속에 바둑축제를 벌였다.

'서울시민과 함께하는 바둑대축제'는 2014년 서울 '차 없는 날' 행사의 일환으로 광화문 앞 세종로 일대에서 진행되었다. 행사의 부제는 '별에서 온 바둑'으로 그동안 바둑을 쉽게 접하기 힘들었던 시민들에게 보다 쉽고 흥미롭게 바둑을 배울 수 있도록 하기 위해 다양한 행사를 준비하였다.

주요 행사인 '1004 다면기'는 역대 최다인원 다면기 신기록 도전으로 시민 및 바둑팬 1,004명과 프로기사 100명이 대국을 펼치는 것이다. 개막식에서는 KB국민은행 박지우 은행장 대행이 서울 사회복지공동모금회의 김현경 사무처장에게 1,004만 원의 기부금을 전달하였고, 이 기부금은 에너지 빈곤층을 위한 미니 태양광 설치를 위해 쓰일 예정이다.

서울 시민과 함께하는 바둑대축제

개막식 후에는 한국기원 소속 전문기사 100여 명과 바둑팬들이 함께한 '1004 다면기'가 진행되었는데, 이 행사에는 제9회 국무총리배 세계아마바둑선수권대회에 출전했던

51개국 선수들과 관계자 등도 참석해 눈길을 끌었다. 다면기 행사 이외에도 자유대국 및 한복대국, 초·중·고급 바둑강좌, 한복 대국 등 다양한 볼거리와 이벤트가 마련되었으며, 참가자 전원에게는 다면기에서 사용했던 바둑판 세트를 기념품으로 증정하였다. 2014년 서울 차 없는 거리 홍보대사로 위촉된 이창호 9단, 이세돌 9단, 김효정 2단은 사인회를 통해 바둑팬들과 만남의 시간을 가지기도 하였다.

5) 바둑캠프

해마다 유럽과 미국에서는 다양한 바둑캠프(Summer Go School, Summer Go Camp)가 열리고 있다. 대표적인 바둑캠프는 다음과 같다.

(1) 리투아니아 여름캠프

'리투아니아 여름캠프(Lithuania Summer Camp)'는 7월 중에 일주일 동안 진행된다. 이 대회는 유럽바둑선수권대회(European Go Congress)가 시작하기 바로 전에 개최되어, 여름캠프에 참가했던 선수들이 이어서 유럽바둑선수권대회에 참여하기도 한다. 리투아니아, 에스토니아, 네덜란드, 독일, 일본 등에서 20급부터 6단까지 60여 명이 참가하는 국제바둑 이벤트로 규모는 크지 않지만, 경쟁보다는 휴식과 즐거움을 강조하고 있어 참가 선수들의 만족도가 높은 편이다.

여름캠프의 행사 내용은 매년 조금씩 변화되기는 하지만 바둑대회 프로그램을 제외하고는 여러 가지 게임과 놀이, 레크리에이션이 준비되어 있다. 첫째 날은 주로 대회 등록과 친선대국이 진행되며 개막식을 통해 여름캠프는 공식적으로 시작을 하게 된다. 다음 날부터는 이틀 동안 맥마흔 시스템(McMahon System) 5라운드 호선으로 대회가 치러진다. 맥마흔 시스템은 스위스리그를 개량시킨 방식으로 유럽에서 널리 사용되고 있다. 대국자들의 기력에 따라 예비 점수를 미리 부여한 뒤, 이 점수와 대국 성적을 합해 라운드별로 가능한 같은 점수의 선수끼리 대결해 나가는 방식이다.

4일째에는 성별과 상관없이 누구나 참석할 수 있는 페어바둑대회인 '렌고 대회(Rengo Tournament)'가 진행된다. 5일째에는 속기 바둑이 진행되고, 6일째에는 주로 바둑 이벤트가 진행된다. 특히 2013년에는 바둑 이벤트로 57줄 바둑판이 등장하여 극한 마인드 도전(Extreme Mind Challenge)을 만들면서 주목을 끌기도 하였고, 김성래 5단과 박영롱

초단의 바둑강의와 다면기도 진행되었다. 마지막 날은 레크리에이션 시간을 갖게 된다. 참가 선수들은 축구, 배구, 배드민턴과 같은 친선 경기에 참여하기도 하며, 자전거 관광 투어를 통해 아름다운 주변 경관을 감상하거나 리투아니아 문화를 체험하기도 한다.

☙ 읽어보기 | **57줄 바둑판, 9개 바둑판이 1판! 구경이나 해볼까?**

12시간 전, 유럽 리투아니아(7월24일 Moletai, Apple Island)에서 김성래 4단이 유럽 바둑인들과 벌인 진기한 대국을 자신의 페이스북에 공개했다. 김성래 4단의 페이스북에는 세계 최초의 57x57줄 바둑판에서 16명이 한꺼번에 대국하는 장면이 함께 업로드 되어 있었다.

이 바둑은 19줄 9개의 바둑판이 모여 한 판의 바둑을 이룬다. 정중앙의 바둑판을 둘러싼 8개의 바둑판에는 착수권한을 가진 두 명의 흑백 대국자가 있고, 정중앙 바둑판은 16명의 대국자가 모두 착수권한이 있다. 이 16명이 흑백 착수교대로 두려니 바둑은 매우 길어질 수밖에 없다.

김성래 4단은 댓글에서 "두어 보니 나름 재미는 있는데 시간이 너무 걸려 13줄 바둑판을 9개로 붙이는 것이 적당할 듯합니다. 룰은 자기 앞의 바둑판 한 판을 2명이 두는 것이고 중앙은 아무나 둘 수 있습니다. 전체적으로는 한 판입니다. 그런데 룰이 공정하지 않게 되는 것이 문제입니다."라는 말을 남겼다.

페이스북에서도 이 사진은 화제다. 바둑을 둘 줄 아는 많은 사람들이 "Great!", "Wow" 등의 댓글을 달며 사진을 공유해 퍼져 나가고 있는 중이다.

오로IN. 사이버오로. 2013년 7월 25일.

(2) 터키 바둑캠프

'터키바둑캠프(Turkish Go Camp)'는 2007년에 개최된 이후 현재까지 참가자 수가 계속해서 늘어나고 있다. 제1회와 제2회 캠프에는 15~20명 정도의 터키 바둑인들이 참가하였는데, 제3회부터는 국제 이벤트가 되면서 2014년에는 9개 국가에서 56명의 선수들이 참가하게 되었다.

터키 바둑 캠프는 일주일 동안 프로기사가 아마추어 강자들과 대국 및 복기, 다면기 등의 지도를 통해 기력을 향상시키고 있으며, 부대 행사로 파티와 게임, 관광 등을 통해 즐겁게 친구를 사귀며 좋은 추억을 만들 수 있도록 하고 있다. 이 캠프에 참여한 프로기사는 한국의 김승준 9단, 루마니아의 타라누 카탈린(Taranu Catalin) 5단, 헝가리의 디아나 코세기(Diana Koszegi) 초단, 이스라엘의 알리 자바린(Ali Jabarin) 초단 등이 있으며, 아마바둑 강자인 세르비아의 두산 미티츠(Dusan Mitic) 6단도 함께 참여하여 보급 활동을 하였다.

터키 바둑캠프(Turkish Go Camp)

(3) 미국 여름바둑캠프

'미국 여름바둑캠프(AGA Summer Go Camp)'는 미국바둑협회(American Go Association)가 1998년에 처음으로 개최한 이후로 매년 여름방학 기간에 바둑을 좋아하는 청소년을 대상으로 진행하고 있다. 7월 말이나 8월 초에 일주일 동안 개최되는 바둑캠프는 다양한 프로그램을 제공하고 있으며, 바둑 실력에 상관없이 어느 누구나 참가할 수 있다.

바둑강의는 중국 프로기사 양이륜(Yilun Yang) 7단을 중심으로 참가자들을 기력별로 나누고 그들의 요구에 맞추어 진행하고 있다. 바둑강의 이외의 시간에는 실내·외의 다양한 장소에서 레크리에이션 활동이 진행된다. 수영, 롤러블레이드, 축구, 테니스와 같은 운동도 할 수 있으며, 게임과 미술 공예, 하루 코스로 여행을 다녀오기도 한다. 이러한 프로그램은 교육과 놀이가 적절하게 조화를 이루면서 무엇보다도 청소년들이 배우는 과정을 즐길 수 있도록 한다.

미국 여름바둑캠프(AGA Summer Go Camp)

읽어보기

바둑 경기 방식

· 더블 엘리미네이션(Double Elimination): 승자와 패자의 선수가 각각 경기로 승패를 정하는 방식으로, 초반에 탈락한 선수에게 다시 기회를 주기 위한 방법이다.

· 녹아웃(Knockout): 한 번 질 경우 탈락하는 경기 방식으로, 우승자만 다음 단계로 올라가는 방법이다.

· 페어링(Pairing): 대회에 출전한 선수의 짝을 결정하는 방법이다.

· 리그전(League Match): 대회에 참가한 모든 선수가 각각 돌아가면서 한 차례씩 대전하여 그 성적에 따라 순위를 가리는 방법이다.

· 스위스리그(Swiss League): 승자는 승자끼리, 패자는 패자끼리 계속해서 대결하는 방식이다. 라운드별로 승수가 같은 사람끼리 토너먼트 방식으로 대국하여 순위를 가리게 되며, 서로 승수가 같으면 승수가 더 높은 선수와 많이 대결한 선수에게 높은 순위를 부여한다. 최종 결과가 같을 때에도 대국 상대들의 승수를 계산해 종합 승수로 최종 순위를 결정한다.

· 맥마흔 시스템(McMahon System): 스위스 리그를 변형, 발전시킨 것으로 참가 선수들에게 기력에 따라 등급을 나누고 점수를 부여하는 방법이다. 성적이 좋으면 고단부로 올라가고, 나쁘면 아래 부로 내려가게 된다. 또 실력이 강한 부에서 두면 승점이 많다. 같은 1승이라도 최강부의 1승과 저단부의 1승이 점수가 다르기 때문에 자연히 최강부에서 가장 많이 이긴 사람이 우승자가 된다.

학습활동

▌ 활동 1 ▌ 축제형 바둑 이벤트 기획　　　　ACTIVITY

자신이 이벤트 기획가가 되었다고 가정하고, 어떤 내용과 형식으로 축제형 바둑 이벤트를 기획할 것인지 생각해 보고 이를 발표해 보자.

4. 복합형 바둑 이벤트

▌ 학습목표	1. 복합형 바둑 이벤트의 특징을 설명할 수 있다. 2. 복합형 바둑 이벤트의 종류를 설명할 수 있다.

학습내용

복합형 바둑 이벤트는 시합형과 축제형이 혼합된 형태로 승부를 겨루는 게임의 요소와 흥미진진한 놀이의 요소를 동시에 지니고 있다. 복합형 바둑 이벤트의 특징과 종류를 살펴보자.

1) 국무총리배 세계아마바둑선수권대회

국무총리배 세계아마바둑선수권대회(Korea Prime Minister Cup International Baduk Championship)는 매년 10월에서 11월 사이에 열린다. 이 대회는 사단법인 대한바둑협회가 창립과 동시에 대한바둑협회의 창설이 가지는 상징적 의미로서의 대회와 전 세계에 한국 바둑의 보급 의지를 알리기 위해 개최하는 세계아마바둑선수권대회로서의 의미가 있다. 그동안 신흥 바둑강국인 한국은 해방 후 급성장을 했기 때문에 다른 나라에 기도(棋道) 보급을 하기에는 제도적으로 어려움이 따랐을 뿐만 아니라 보급과 관련해서 크게 관심을 기울이지 않았고, 따라서 세계 바둑 최강국인 한국은 서양에 바둑 보급과 관련해서 노력이 미흡했다는 비판을 받아 오고 있었다.

한국은 세계아마바둑선수권대회를 통해서 바둑의 세계화를 위해 공헌을 하고 바둑 보급 노력이 부족했다는 평가의 불식과 함께 바둑 최강국의 위상을 드높이는 계기를 마련하고자 2006년 10월 20일, '심오한 세계, 신선한 우정, 세계가 하나로'라는 슬로건을 내걸고 제1회 국무총리배 세계아마바둑선수권대회를 개최하였다. 세계의 바둑인들을 하나로 모으고 2010년 중국 광저우 아시안게임에 바둑이 정식종목으로 채택됨에 따라 본 대회를 통하여 바둑이 올림픽 종목으로 진출될 수 있도록 하는 계기를 만들고자 하였다.

국내 유일의 아마추어 세계대회로서의 위상 정립과 세계 아마추어 대회의 지속적인 개최로 스포츠 바둑의 종주국 역할 기대, 올림픽 진출의 전초기지 역할과 스포츠 외교 수단으로 발전, 국제 바둑계에 영향력 확대와 최고의 바둑 기량을 세계에 홍보, 국제적 행사 유치로 지역 경제 활성화와 세계 여러 도시와의 교류 가능성 확대 및 국제도시로서의 위상 정립 및 국가 이미지 제고에 기여하고자 기획된 세계아마바둑선수권대회는 이렇게 2006년 제1회를 시작으로 2014년 9회째를 맞이하였다.

국무총리배 세계아마바둑선수권대회

세계아마바둑선수권대회는 프로그램 구성 면에서 메인 행사와 부대 행사로 구성되어 있다. 메인 행사는 아시아, 오세아니아, 아프리카, 유럽, 아메리카에서 초청된 70여 명의 각국 대표 선수들이 참가하는 세계 아마추어 바둑선수들의 대회로 8라운드 스위스리그 시스템으로 3일간 진행된다. 시상은 1위부터 16위까지의 상위 랭커와 특별상의 5명의 선수들에게 상패와 상장 및 부상이 수여되며, 특히 우승자에게는 한국기원 아마7단증이 수여되어 수상의 영예를 안겨 준다.

부대 행사는 프로그램의 성격에 따라 경연 행사, 회의 행사, 문화 행사의 3개 분야로 나눌 수 있으며 대회 기간 중에 공간 및 시간을 배분하여 진행한다. 경연 행사는 이 대회에 전 세계의 아마추어 바둑선수들이 참가하기 때문에 한국의 아마추어 바둑선수들도 함께 참여하여 바둑축제의 장을 마련하기 위해 진행되는 행사이다. 대회는 이창호배 전국아마바둑 선수권대회, 경기도바둑협회장배 시민바둑대잔치, 수원시민바둑대잔치, 고양시장배 전국아마바둑 최강전, 고양교육청 교육장배 학생바둑대회, 대한바둑협회장배 시·도 바둑협회 임원 단체전 등 세계아마바둑선수권대회가 개최되는 해당 지역에서 대회를 주최·주관하고 개최한다. 제2회 2006년부터는 아마바둑선수권대회뿐만 아니라 제13기가그린배 프로여류국수전 본선, 제27기 KBS 바둑왕전 본선, 제14기 GS칼텍스배 프로기전 본선 등 프로기전을 함께 진행하여 참가 선수들에게 프로기사가 대국하는 모습을 직접 관전할 수 있는 기회를 제공하고 있다.

국무총리배 세계아마바둑선수권대회 '경연 행사' 모습

회의 행사는 한국이 최고의 바둑 기량을 보유하고 있다는 것뿐만 아니라 국제 바둑계에 영향력을 확대하기 위해 마련한 행사이다. 2006년 제1회 전주에서 각국 임원들이 참여하여 아시아바둑협회(AGF)를 창립하였고, 제2회 수원에서는 국제바둑연맹 총회와 국제바둑연맹 이사회가 개최되었으며, 제3회 고양시에서는 아시아바둑연맹 총회가 진행되었다. 각국 임원들은 회의를 통해서 바둑 보급에 대한 개선 방안 모색과 2010 중국 광저우 아시안게임에 바둑을 정식종목 채택으로 추진 등 각국의 협력 사안과 안건에 대해 논의를 하였다. 이와 함께 한국바둑학회가 주관하는 국제바둑학 학술대회를 열어 바둑 학술의 장을 마련하였으며, 2008년 제3회에서는 처음으로 아시아 바둑지도자 워크숍이 개최되어 바둑교육 커리큘럼과 각국의 바둑교육 체계 및 협력 방안에 대해 논의하여 각국의 바둑지도자들에게 큰 호응을 얻기도 하였다.

국무총리배 세계아마바둑선수권대회 '회의 행사' 모습

　문화 행사는 한국 바둑의 역사와 함께 한국의 전통문화 체험을 바탕으로 국가 이미지 제고에 기여하기 위해 진행되는 행사이다. 전야제와 폐막식에서는 한국 전통문화 공연과 만찬 행사를 통해서 한국의 전통문화를 경험하고 체험할 수 있는 기회를 갖게 하였다. 제1회 전주에서는 전주시 전통문화센터에서 전통예술 공연을 통하여 한국 전통문화의 진수를 보여 준 세계 바둑인의 밤 행사, 전주 시청 앞 노송광장에서 열린 100인 풍물 농악단 거리 퍼레이드와 전주한지패션쇼가 열렸다. 특히 전주한지패션쇼는 전주 전통 한지의 신비로운 빛깔과 아름다움에 매료된 참가 선수들의 감탄과 찬사를 자아내기도 하였다. 제2회 수원에서는 수원 관광을 통해 행궁 관람과 능행차등을 보면서 한국의 전통문화를 경험하기도 하는 등 대회가 개최되는 지역의 전통문화와 관련된 행사를 진행하고 있다.

국무총리배 세계아마바둑선수권대회 '문화 행사' 모습

바둑과 관련된 문화 행사로는 해마다 전시 행사와 프로기사 지도다면기 행사가 진행된다. 한국바둑60년사진전을 대회 기간 동안 전시하여 한국 바둑의 역사를 한눈에 볼 수 있게 하며, 프로기사 지도다면기를 실시하여 프로기사와 직접 대국을 할 수 있는 기회를 제공하기도 하였다. 특히 제1회 전주에서는 이창호 9단과 함께하는 기념 촬영 및 사인회 행사가 진행되었는데, 선망의 대상이었던 프로기사와의 만남의 장으로 참가 선수들에게 평생 잊지 못할 추억을 남길 수 있는 기회가 되었다. 제2회 수원에서는 한국의 고유한 바둑인 순장바둑에 대한 재현 행사가 명지대학교 바둑학과 남치형 교수의 진행으로 이루어졌으며, 이 외에도 수원시 바둑협회의 주관으로 바둑판 제작 과정을 시연하는 바둑판 제작, 참가자의 초상화를 그려 주는 동양화 행사가 마련되기도 하였다.

2) 세계 청소년 바둑대축제

세계 청소년 바둑대축제(World Youth Baduk Festival)는 세계 최초의 청소년 바둑축제로 최강국의 위상에 어울리는 세계 최고의 청소년 바둑축제 개최를 통해 청소년의 건전한 놀이문화 선도와 바둑축제의 장을 만들고, 바둑 세계화를 촉진시켜 브레인 코리아의 위상을 널리 알리기 위해 기획되었다.

세계 청소년 바둑대축제를 통해 바둑의 유용성을 널리 홍보함으로써 바둑에 대한 새로운 인식과 가치를 정립하고, 나아가 게임 중독으로 인한 청소년들의 조급성과 폭력성을 바둑이 지닌 특유의 인내와 조화로 청소년 정신 순화에 이바지 하는 것이 이 축제의 목적이다. 특히 바둑이라는 독특한 콘텐츠의 속성을 개발하고 활용한 다양한 부대 프로그램은 세계 청소년 바둑대축제로서 위상을 정립하고, 각국의 참가 선수들이 함께 어울릴 수 있는 축제의 장을 만들고자 하였다.

동시에 지적 호기심이 높은 청소년들의 국제적 유대를 도모함으로써 국가 이익의 촉진에 기여할 민간 외교의 씨앗을 뿌리고자 2009년 8월 9일, '생각의 힘이 미래를 연다'라는 슬로건을 내걸고 제1회 세계 청소년 바둑대축제가 개최되었다. 세계의 청소년들을 하나로 모은 이 축제는 세계 유일의 청소년 바둑축제로서의 위상 정립과 함께 올림픽 종목으로 진출될 수 있도록 하는 계기를 만들고자 하였다. 이렇게 제1회를 시작으로 2014년 6회를 맞이하였다.

세계 청소년 바둑대축제는 프로그램 구성 면에서 메인 행사와 부대 행사로 구성되어 있다. 메인 행사는 유럽 및 아시아에서 참가한 500여 명의 선수들이 참가하는 세계청소년대회로 6라운드 스위스리그 시스템으로 2일간 진행된다. 1개 조는 64명으로 구성되며 총 8개 조가 기력별로 구분된다. 시상은 1위부터 16위까지의 상위 랭커와 특별상의 선수들에게 상패와 상장 및 부상이 수여되며, 특히 최강조 우승자에게는 장학금이 수여된다.

부대 행사는 프로그램의 성격에 따라 상설 행사, 경연 행사, 문화 행사의 3개 분야로 나눌 수 있으며, 대회 기간 중에 공간 및 시간을 배분하여 진행한다. 상설 행사로는 전시 행사와 체험 활동 행사가 진행되었다. 바둑다큐, 세계선수권대회, 기력별 강좌물, 기타 바둑 이야기 등을 소개하는 바둑영상과 한국바둑60년사 사진전을 대회 기간 동안 전시하여 한국 바둑의 역사를 한눈에 볼 수 있게 하며, 체스·브리지 체험, 플라잉바둑, 초대형 알까기, 보드게임, 바둑재현기, 페이스페인팅 등 직접 체험할 수 있는 프로그램이 마련되어 참가 선수들에게 흥미로운 경험을 제공한다.

세계청소년 바둑대축제(World Youth Baduk Festival) 모습

경연 행사는 메인 대회에 참가하는 선수들뿐만 아니라 개최 지역의 청소년이 함께 참여하는 이벤트 프로그램이다. 2009년 대회에서는 미니세계선수권 9줄바둑대회, 팀 대항 릴레이 바둑대회, 속기왕 선발대회, 중국 참가 선수 vs 강원도 지역 선수 교류대항전이 진행되었고, 2010년에는 2010 용인시장배 바둑대회, 2010 명지대학교 총장배 바둑대회, 도장최강전, 경기도 vs 중국 교류대항전이 진행되었다. 경연 행사의 경우에는 대회명에서 알 수 있듯이 세계 청소년 바둑대축제가 개최되는 해당 지역에서 대회를 주최·주관

하고 개최한다.

　문화 행사는 한국 바둑의 역사와 함께 한국의 전통문화 체험을 바탕으로 국가 이미지 제고에 기여하기 위해 진행되는 행사이다. 전야제에서는 한국 전통문화 공연을 통해서 한국의 전통문화를 경험할 수 있는 기회를 갖게 하였다. 바둑과 관련된 문화 행사로는 직접 참여할 수 있는 행사가 진행된다. 프로기사 릴레이 다면기, 9줄바둑 프로를 이겨라 는 프로기사와 직접 대국을 할 수 있는 기회를 제공한다. 특히 제1회 강릉에서는 경포대 해변 다면기가 일반인을 대상으로 진행되었는데 해변에서 선망의 대상이었던 프로기사 와 대국을 할 수 있는 기회는 참가자들에게 잊지 못할 추억을 남길 수 있게 해 주었다. 이 외에도 축제에 함께 참여하고 있는 업체들의 주관으로 BATOO 설명회, 도전 바둑골 든벨, 바둑빙고게임 등이 진행되었으며, 참가 선수들에게 호응을 얻었다.

3) 유럽바둑선수권대회

　1957년 독일에서 처음 개최된 유럽바둑선수권대회(European Go Congress)는 2014년 58회째를 맞이한 유럽의 전통 있는 대회로 유럽 전역의 바둑팬뿐만이 아니라 한국, 일 본, 중국, 미국 등 전 세계의 바둑팬들이 2주 동안 참여하는 바둑축제이다. 맥마흔 시스 템을 적용한 10라운드의 메인 토너먼트(Main Tournament)와 유럽바둑선수권전 (European Championship)을 중심으로, 주말대회(Weekend Tournament)와 9줄·13줄 바둑대회, 속기전(Rapid), 판톰바둑(Phantom Go), 끝내기(Yose) 등 사이드 토너먼트 (Side Tournament)로 대회가 구성되어 있다. 바둑 소식을 인터넷에 생중계하고 'Congress Bulletin'이라는 대회 잡지를 제작하여 대회 소식을 유럽 전역과 대회장 참가 선수들에게 보도하며, 매일 프로기사들의 다면기와 복기, 강의도 진행된다.

　여름휴가를 이용하여 개최되는 대회에는 선수만이 아니라 선수의 가족이 전원 참여하 기도 하고 동호인들끼리 그룹을 지어 참여하는 등 다른 대회와는 참가자의 구성이 다르 다. 이것은 이 대회의 큰 특징으로 메인 경기 이외에 부대 행사를 통해 바둑팬의 대회 참여를 적극 유도하여 잠재적인 바둑팬 확보를 꾀하고 있다.

유럽바둑선수권대회(European Go Congress) 모습

개최지 선정이 보통 3년 전에 이루질 정도로 신경을 쓰며, 홍보는 개최국에서 대회 홈페이지를 개설하고 유럽바둑협회(EGF)를 통해 각국의 바둑협회의 협회지와 홈페이지를 이용하여 일반인들에게 전달될 수 있도록 한다. 이벤트의 예산은 대부분 후원 기업의 지원을 받아 충당하고 있으며, 참가비와 개최국의 자원 봉사를 통해 약간의 충당금을 마련하고 있다.

그 외의 홍보는 개최국에서 하기 때문에 해당 국가의 투자 규모에 따라 대회의 홍보는 달라진다. 체코에서 열린 제49회 유럽바둑선수권대회는 702명이 대회 참가 신청을 하면서 성황을 이루었는데, 유럽의 중심지와 가까운 지리적 위치와 상대적으로 낮은 물가가 참가에 영향을 주었다. 반면에 이탈리아에서 열린 제50회 유럽바둑선수권대회는 상대적으로 높은 물가와 여러 가지 소문의 영향으로 290명이 대회 참가 신청을 하면서 저조한 참가율을 보이기도 했다. 오스트리아 필라흐(Villach)에서 열린 제51회 유럽바둑선수권대회는 오스트리아 당국의 지원을 받아 상금 규모도 컸으며, 유럽 바둑인의 이목이 집중되면서 유럽 전역에 널리 퍼져 있던 569명의 바둑팬들이 대회에 참가하면서 성황을 이루기도 했다. 이처럼 유럽바둑선수권대회는 대회가 개최되는 장소와 상황에 따라 참가자 수에 변동이 생기기도 한다.

유럽바둑선수권대회는 매년 다른 지역에서 대회를 치르고 있는데 처음 대회가 개최될 당시에는 유럽에서 바둑이 활성화되어 있는 독일, 오스트리아, 네덜란드, 영국에서 대회

가 주로 개최되었으며, 유럽바둑선수권전 우승 역시 독일, 오스트리아, 네덜란드의 바둑
선수가 차지했었다. 그러나 바둑이 유럽 전역으로 널리 보급되면서 유럽 바둑 인구는 점
진적으로 증가하고 있는 추세를 보이고 있다. 대회 개최지가 다양해졌고, 최근에는 러시
아와 루마니아의 바둑선수가 강세를 보이고 있으며 대회 참가자 수도 계속해서 증가하
고 있다.

유럽바둑선수권대회(European Go Congress) 모습

4) 아시아 청소년 바둑선수권대회

아시아 청소년 바둑선수권대회(Go Goodwill Tournament)는 '세계화인 바둑연합회(世
界華人 圍棋聯合会)'의 주체로 청소년들의 친선과 화합을 다지기 위해 태국에서 나흘간
개최되는 친선 바둑대회이다. 참가국은 마카오, 말레이시아, 싱가포르, 중국, 태국, 한국,
홍콩 등 총 7개국에서 14개 팀, 108명의 선수가 참여하며, 한국은 2007년부터 특별 초
청을 받아 참가하게 되었다.

아시아 청소년 바둑 선수권대회(Go Goodwill Tournament)

공식 일정은 대회 첫째 날 태국 전통 무용 축하 공연과 개회사, 대회 선포로 시작된다. 이틀간 스위스리그로 진행되는데, 친선경기임에도 불구하고 우승자를 겨루는 대회이기 때문에 각국을 대표하는 선수들의 모습은 매우 진지하다. 바둑대회는 Division 1, 2, 3, 4의 4개 조로 나눠지며, 개인전과 3명씩 팀을 이루는 단체전으로 총 6라운드의 경기를 펼쳐 우승을 가리게 된다.

이 대회의 특이한 점은 심판(referee)의 역할과 권한이 대단히 크다는 점이다. 심판은 대국 과정에서의 문제 해결만이 아니라 직접 계가를 해 주고 승패를 확인시킨 뒤, 패자의 확인 서명을 받고 나서 승패 확인 도장을 찍은 후 마지막으로 심판이 확인 서명까지 해야 한다. 이렇게 진행하는 이유는 최강부를 제외한 일반부에 참가하는 선수들의 기력이 낮기 때문에 집계가에 서툰 모습을 보여 주게 되어 원활한 대회 진행을 기대하기가 힘든 상황이기 때문이다.

아시아 청소년 바둑선수권대회(Go Goodwill Tournament) 심판진

친선 바둑대회가 끝나면 주최 측에서 준비한 'Game for fun' 오락 시간이 진행된다. 지도다면기, 카툰 그리기, 게임, 태국 전통악기 배우기 등 다양한 프로그램을 진행하면서 각국의 참가 선수들이 즐거운 시간을 보낼 수 있게 한다. 마지막 날 오전은 참가 선수 전원이 동물원 관람을 하게 되며, 오후에 폐막식으로 모든 행사가 마무리된다.

만찬과 함께 진행되는 폐막식은 단순히 시상식만을 진행하는 것이 아니라 각국 참가 선수들의 장기자랑 시간을 마련하여 모두가 함께 즐기는 축제의 장이 될 수 있도록 하고 있다. 참가 선수들은 연극, 카드 마술, 노래, 춤 등 다양한 공연을 발표하였고, 한국 선수단의 경우 단소 연주와 민요를 부르며 한국의 소리를 참가자들에게 선보이기도 했다. 시상 내역은 개인전은 각 조의 8등까지, 단체전은 우승팀, 장기자랑 우승팀 등 참가

선수들이 더 많은 상을 받을 수 있도록 수상 내역을 다양하게 하였다.

아시아 청소년 바둑선수권대회(Go Goodwill Tournament)

학습활동

▌ 활동 1 ▌ 복합형 바둑 이벤트   ACTIVITY

복합형 바둑 이벤트를 더욱 발전시키기 위한 방안에 대하여 이야기해 보자.

5. 바둑 이벤트 기획

▮ 학습목표	1. 이벤트 기획의 개념을 설명할 수 있다.
	2. 이벤트 기획의 단계를 설명할 수 있다.
	3. 바둑 이벤트 기획서를 작성할 수 있다.

학습내용

이벤트는 기획·제작·연출로 이루어지는데, 기획은 모든 과정의 출발점이고, 실행을 위한 지표이다. 이벤트 기획의 개념과 단계를 살펴보고, 실제로 바둑 이벤트 기획서를 작성해 보자.

1) 이벤트 기획서의 개념

이벤트 기획이란 이벤트를 어떻게 연출할 것인지에 대해 계획을 하고 구상한 아이디어를 내는 과정을 말한다. 이벤트 기획은 이벤트 관련자들, 즉 참가자와 주최자 등의 욕구를 충족시키기 위한 기초 작업이다. 그들이 왜 이벤트를 개최하고 왜 이벤트에 참가하는지, 무엇을 하려고 하는지 명확하게 인식해야만 기획을 정확하게 할 수 있다.

이벤트 기획서는 형식이 일정하게 정해져 있는 것은 아니다. 이벤트의 규모와 일시, 목적 등 상황에 따라 필요한 내용을 작성하며, 읽는 사람들이 쉽게 이해할 수 있도록 간단명료하게 만드는 것이 중요하다. 기획서의 역할은 자신의 의견을 남에게 설득하는 것이다. 따라서 좋은 기획서가 되기 위해서는 방대한 양의 기획서가 아니라, 개성 있고 내용이 충실하며 새로운 아이디어를 제시해야 한다.

이벤트 기획은 그 자체가 미래를 대비한, 예측에 근거한 계획으로 불확실하고 위험부담을 가지고 있기 때문에 미래지향적이라는 특징을 갖는다. 이벤트 기획과 기획서의 작성은 이벤트의 초기 작업이면서 이벤트의 성패를 결정짓는 중요한 요소가 된다.

2) 이벤트 기획의 단계

이벤트 기획은 '이벤트 목적의 명확화, 이벤트 대상의 선정, 이벤트 내용·형태의 결정, 이벤트의 시기와 장소의 결정, 기획서의 작성' 등의 순서에 따라 기획 업무가 진행될 때 올바른 기획이 될 수 있다.

먼저 이벤트의 기획에 앞서 개최할 이벤트의 목적을 명확히 하여야 한다. 이벤트의 목적이 매우 다양하기 때문에 일률적으로 제시하기는 어렵지만, 목적을 분명히 해야 이벤트의 준비에서 실시, 그리고 완료에 이르기까지 하나의 이벤트로 통합될 수 있기 때문이다.

다음으로는 이벤트에 참여할 대상을 선정해야 한다. 전체를 대상으로 하는 이벤트는 초점이 없어서 대상 집단이 불분명하게 되고, 결국 전체 대상에게 만족을 주지 못하는 결과를 초래하기도 한다. 따라서 누구를 위해, 무엇 때문에 하는지 가능한 한 좁고 명확하게 대상을 선정하는 것이 좋다.

이벤트 대상이 결정되면 무엇을 할 것인지 이벤트의 내용을 결정하고, 그 내용을 어떻게 구성하고 연출할지 이벤트의 형태를 결정해야 한다. 이벤트의 계획에 있어서 내용을 결정하는 것은 가장 중요한 순서가 되며, 내용을 잘 표현할 수 있도록 이벤트의 다양한 형식, 즉 축제, 컨벤션, 세미나 및 기타 등 예산 문제를 고려하여 기획해야 한다.

다음으로 이벤트가 개최되는 시기와 장소를 결정해야 한다. 이벤트의 시기는 참가자들의 특성을 고려하고, 이벤트 장소 사용이 가능한 시점, 계절과 날씨의 자연조건, 국내외 특별한 일의 존재 유무 등을 검토하여 이벤트가 가능한 특정 일자나 요일을 지정해야 한다. 이벤트의 장소는 참가자의 동원과 이벤트 성공 여부에 중요한 요소가 되므로 여러 요인을 확인하여 결정해야 한다. 이벤트 개최 시기와 예산 범위 안에서의 사용 가능성, 접근성과 수용 가능성, 전용 시설 또는 장소의 확보, 안전 관리 등을 고려해야 한다.

마지막으로 이벤트에 대한 기본적인 내용이 결정되면 기획서의 작성에 들어간다. 기획서에는 이벤트의 타이틀부터 참가자의 활동 내용까지, 위의 기본적인 내용을 구체화하여 이벤트 운영에 필요한 모든 내용을 종합한다.

3) 이벤트 기획서의 구성

이벤트 기획서는 이벤트를 기획하는 기초적 내용을 개략적으로 밝히는 기본 기획서와 이벤트 운영의 구체적인 방법과 운영 매뉴얼 및 진행 시나리오를 가시화시키는 문서인 실행 기획서로 나눌 수 있다. 이벤트 기획서를 작성하려면 제일 먼저 '왜, 무엇 때문에 이러한 이벤트를 시행하려는 것인가' 하는 것을 분명히 파악하는 것이다. 이런 물음을 기초로 아이디어를 찾고, 계획을 수립하고 실행하는 단계를 밟게 된다. 일반적인 기획서 구성 및 순서를 다음과 같이 정리할 수 있다.

순서	내용
1	표지, 이벤트의 제목 및 부제목, 제출 회사명, 기획 회사명, 날짜 등
2	기획서의 목차
3	취지, 서문, 기획 의도 등으로 전체의 개념을 설명한 부분
4	행사 개요 부분으로 주제, 일시, 장소, 대상, 인원, 주최, 주관, 협찬, 후원 등을 기재
5	행사장의 전경을 그린 그림이나 출연자 및 출품물의 사진 등 시각적인 부분을 삽입
6	콘서트라면 상세한 공연 프로그램을, 전시회라면 전시장 설치 약도 등 이벤트 행사장 모습의 구체적 묘사
7	홍보와 관련된 기획안
8	이벤트 행사장의 분위기 고조를 위해 별도로 생각한 부대적인 아이디어
9	본 행사 외에 가능한 옵션 기획, 해당 이벤트에 꼭 필요한 내용 제시
10	기획사의 연혁과 프로필 및 주최자 프로필 등
11	임대료, 출연료, 운송료, 장치 장식료, 음향, 조명, 행사장 대관료, 경비, 보험, 인건비, 기획비 등이 기재된 상세한 견적서
12	행사와 관련된 자료를 첨부

고승익 외. 관광 이벤트경영론. 2002.

4) 바둑 이벤트 기획서 작성

일반적으로 이벤트 기획서는 6W3H에 입각해 기술한다. 6W는 When, Where, Who, What, Whom, Why이고, 3H는 How, How Long, How Much를 나타낸다.

		내용
6W	When	실시 날짜와 시간: 주최 측의 사정, 관련 분야의 상황, 장소의 형편, 참석자의 편의, 경합 이벤트의 유무 등의 내용
	Where	계절별, 요일별, 날짜별 장소 선정: 지역적인 문제 및 장소 선정에 관련되는 내용
	Who	주최 측을 명확히: 이벤트를 누가 주최하는가에 관한 내용
	What	구체적인 내용: 이벤트에서 어떤 내용의 행사가 벌어진다는 것을 구체적으로 밝히는 내용
	Whom	대상을 분명하게: 누구를 위하여 이런 행사가 이루어지는가를 분명하게 밝히는 내용
	Why	대외 명분 확보: 이벤트 개최 이유를 명백하게 밝히는 내용
3H	How	실시 가부의 결정 사항: 예정된 행사를 어떤 방식으로 치를 것인가를 알려 주는 내용, 전문업자에게 위탁할 부분과 자신들이 직접 작업해야 할 부분 등
	How Long	실시 기간: 이벤트 실시 기간 및 세부 행사의 시기 등을 분명하게 알려 주는 내용
	How Much	비용 산출: 비용이 얼마나 소요되는지에 관한 내용

고승익 외. 관광 이벤트경영론. 2002.

① **When**: 이벤트의 실시 시기, 실시 기간, 기간 선정 이유 등을 표시하여야 한다. 이벤트의 기본 기획서에 기간을 표시할 때 메인 이벤트의 일정과 부대 행사 일정을 표시한다. 이벤트 기간이 짧을 때에는 기획서에 시작 시간과 종료 시간을 명확히 표시하는 것이 좋으며, 이벤트 기간이 길 때에는 중요한 내용의 일정만을 표시하고 그 외는 별도 일정표를 작성하는 것이 바람직하다.

② **Where**: 기획서에는 이벤트 장소와 공간의 크기, 장소의 연출 등을 분명하게 기록해야 한다. 이벤트의 장소는 한 장소에서 진행될 수도 있지만, 동시에 여러 장소에서 실시하거나 장소를 이동하면서 실시할 수도 있다. 이벤트의 장소는 모두가 인지할 수 있는 유명 지형지물을 이용하여 표시하거나, 행사장의 약도를 첨부하여 착오를 일으키지 않도록 한다.

③ **Who**: 기획서에는 누가 이벤트를 책임지고 수행해 나가는가 하는 조직을 명확하게 기술해야 한다. 주최, 주관, 후원, 협찬, 협력과 같은 조직체의 구조나 조직 위원회, 운영 위원회, 집행 위원회의 조직표를 만들어 제시한다. 여기서 주최는 행사의 대외적인 책임을 지는 의미로, 주관은 실제로 그 일을 실행하는 조직을 말하며, 후원이나 협찬은 행사를 도와주는 조직 체계를 의미한다.

④ **What**: 기획서에는 이벤트에서 어떤 내용의 행사가 전개되는지 그 과정과 방법을 구체적으로 기술하여야 한다. 프로그램 구성 및 연출 계획을 형태에 구애받지 말고 그

내용이 가장 잘 표현될 수 있도록 다양한 방법으로 알기 쉽게 작성하여 제시한다.

⑤ **Whom:** 보통 대상을 표적관중(target spectator) 또는 People(to whom)이라고 하는데, 누구를 위하여 이런 행사가 이루어지는가를 분명하고 정확히 기술하는 것이 중요하다.

⑥ **Why:** 기획서에는 이벤트의 개최 이유를 명백하게 밝히는 것이 중요하다. 시장 상황의 설명, 이벤트 시행의 배경, 이벤트 주최자가 이벤트를 통해서 해결해야 할 과제와 목적 등을 제시하고 그것을 제안한 이유나 배경에 대한 설명을 한다.

⑦ **How:** 기획서에는 예정된 이벤트를 어떤 방식으로 진행해 나갈 것인가를 알려 주는 내용이 기술되어야 한다. 특히 전문업자에게 위탁할 부분과 자신들이 직접 작업해야 할 부분 등을 구분하여 제시한다.

⑧ **How Long:** 이벤트의 준비에서부터 사후 처리까지를 일괄하여 볼 수 있도록 전체 일정을 요약해 놓는다. 이때 업무 추진 일정을 가능한 도표로 작성하여 제시하면 더욱 효과적이다.

⑨ **How Much:** 이벤트 기획서에 비용이 얼마나 소요되는지에 관한 내용을 제시하는 것 또한 중요한 부분이다. 기획자는 이벤트의 비용과 수입을 예측하고 현금의 흐름을 예상하여 자금을 적시에 준비하고 투입하는 등의 예산 업무를 수행할 수 있어야 한다. 기획서에 수입 예산과 지출 예산을 함께 편성하여 제시하는 것이 좋다.

 학습활동

▌ 활동 1 ▌ 바둑 이벤트 기획서 작성   ACTIVITY

① 바둑 이벤트의 6W3H

이벤트 기획서의 6W3H에 입각하여 자신이 개최하고 싶은 바둑 이벤트의 기획서를
작성해 보자.

		내용
6W	When	
	Where	
	Who	
	What	
	Whom	
	Why	
3H	How	
	How Long	
	How Much	

② 바둑 이벤트 프로그램 구성

앞에서 작성한 6W3H를 참고하여 자신이 개최하고 싶은 바둑 이벤트의 프로그램을
기획해 보자.

※ 바둑 이벤트 프로그램 예시

	내용
행사명	세계청소년바둑대축제
슬로건	생각의 힘이 미래를 연다(From Brain For Future!)!
일시	2010년 8월 6일~8월 11일
공식 행사	개막식, 폐막식, KBS 생방송 중계
주요 행사	세계청소년대회, 명지대총장배, 대한바둑협회장배 학생바둑대회
부대 행사	플라잉바둑, 도전! 바둑골든벨, 지역 교류대항전(경기도 vs 중국), 9줄바둑대회, 프로를 이겨라!, 한국바둑60년사 사진전, 바둑영어강좌, 바둑빙고게임, 바둑스피드퀴즈, 체육 행사

※ 바둑 이벤트 프로그램 기획

	내용
행사명	
슬로건	
일시	
공식 행사	
주요 행사	
부대 행사	

단원정리

---

1. 이벤트의 구성 요소

이벤트란 중요한 사건, 행사, 경기 분야에서의 종목, 시합을 의미하는 말이다. 이벤트의 개최와 운영을 위해서는 개최 기간, 개최 장소, 참가 대상, 개최 목적, 이벤트 내용 등 다양한 요소들이 필요하며 이벤트의 성패를 좌우할 만큼 중요한 요인으로 작용되고 있다.

2. 시합형 바둑 이벤트

시합형 바둑 이벤트는 바둑의 속성 중 승부를 겨루는 것에 주안점을 두고 있다. 시합형 바둑 이벤트는 바둑은 경쟁 놀이에 속하는 하나의 게임으로 바둑을 두는 대국자가 즐거움과 쾌감을 느낄 수 있도록 기대하고 있다.

3. 축제형 바둑 이벤트

축제형 바둑 이벤트는 바둑의 속성 중 놀이이자 여가의 요소를 지니고 있다. 현재 한국에서는 바둑 축제, 교류전, 친선대회 등 다양한 바둑 이벤트가 개최되고 있다. 축제형 바둑 이벤트는 바둑을 통해 여가를 즐기는 놀이로서 대중에게 어필할 수 있도록 기대하고 있다.

4. 복합형 바둑 이벤트

복합형 바둑 이벤트는 시합형과 축제형이 혼합된 형태로 승부를 겨루는 게임의 요소와 흥미진진한 놀이의 요소를 동시에 지니고 있다.

5. 이벤트 기획

이벤트 기획이란 이벤트를 어떻게 연출할 것인지에 대해 계획을 하고 구상한 아이디어를 내는 과정을 말한다. 이벤트 기획은 이벤트 관련자들의 욕구를 충족시키기 위한 기초 작업이다. 그들이 왜 이벤트를 개최하고 왜 이벤트에 참가하는지, 무엇을 하려고 하는지 명확하게 인식해야만 기획을 정확하게 할 수 있다.

---

01. (   )란 중요한 사건, 행사, 경기 분야에서의 종목, 시합을 의미하는 말이다. 이것은 '발생되는 어떤 좋은 일, 또는 주목할 만한 일 또는 사건'으로, 예를 들면 결혼식, 시상식, 선발 대회, 스포츠 경기 등을 의미한다. 그래서 이것은 우연히 일어나거나 어떤 부정적인 사유로 인해 발생하는 사건과는 그 의미가 다르다.

02. 이벤트의 구성 요소에 대해 설명하시오.

03. 이벤트의 개최 효과에 대해 설명하시오.

04. (   )은 제84회 전국체전에서 전시종목으로 채택된 이후 무려 11년 만인 2014년에 시범종목으로 한 단계 승격하게 되었다. 대한체육회는 이것을 제95회 전국체육대회(전국체전) 시범종목으로 채택하기로 결정하면서 명실상부한 스포츠 종목으로 자리매김하기 위해 반드시 거쳐야 할 중요한 관문 하나를 통과하게 되었다.

05. 시합형 바둑 이벤트의 특징에 대해 설명하시오.

06. 축제형 바둑 이벤트의 특징에 대해 설명하시오.

07. 복합형 바둑 이벤트의 특징에 대해 설명하시오.

08. 이벤트 기획의 개념에 대해 설명하시오.

09. 일반적으로 이벤트 기획서는 6W3H에 입각해 기술한다. 이것에 대해 설명하시오.

참고문헌

○ 도서

간결한 문체로 그려낸 운명적인 사랑, 이상해, 바둑 두는 여자, 샨사, 현대문학, 2004
간통 같은 독서의 계보, 양윤의, 그 여자의 침대, 박현욱, 문학동네, 2008
결코 돌을 거두지 않으리, 장영엽, 씨네21 no.927, 2013
관광 이벤트의 기획과 실제, 조현호·송재일·서윤정, 대왕사, 2006
관광이벤트경영론, 고승익 외, 백산출판사, 2002
관전기의 어제와 오늘, 노승일, 굿바이 관철동, 바둑서당, 1994
대중매체 스토리텔링 분석론, 이상민, 북코리아, 2009
대한민국 바둑백서, 한국기원, 2009
드림 소사이어티, 롤프 옌센, 서정환 옮김, 한국능률협회, 2000
디지털미디어 스토리텔링, 캐롤린 핸들러 밀러, 이연숙 역, 커뮤니케이션북스, 2006
名人, 가와바타 야스나리, 민병산 옮김, 솔, 1992
문화산업과 에듀테인먼트 콘텐츠, 김영순·백승국, 한국문화사, 2008
문화콘텐츠 스토리텔링, 정창권, 북코리아, 2008
미디어와 현대사회, 김영임·최현철·허은, 나남, 2014
바둑 출판물의 변천사, 구기호, 2009 대한민국 바둑백서, 한국기원, 2009
바둑과 방송, 신병식, 2009 대한민국 바둑백서, 한국기원, 2009
바둑문학(미간행도서), 양동환, 2002
바둑스토리, 강철수, 다락방, 1988
바둑의 역사와 문화, 이승우, 현현각 양지, 2010
바둑이야기, 이광구, 범조사, 1992
바둑철학, 박우석, 동연, 2002
바둑학개론, 정수현, 에듀컨텐츠휴피아, 2011
범부 김정설의 풍류사상, 정다운, 선인, 2010
서사는 가끔 탈주를 꿈꾼다, 이광호, 조동관 약전, 성석제, 강, 2003
승부, 조세래, 시공사, 2002
에듀테인먼트의 이해와 활용, 백영균, 정일문화사, 2005
역수(驛水)에 부쳐, 김성동, 역수, 조세래, 솔마루, 1997
요순에서 이창호까지, 박치문, 청년사, 1992
이벤트론, 임의택, 대왕사, 2004
입단연가, 홍성화, 논장, 1992
전래동화 교육의 이론과 실제, 최운식·김기창, 집문당, 1998
한국현대바둑 50년, 이광구, 영미디어, 2002
한국 棋戰 변천사-광복 이전까지, 이홍렬, 대한민국 바둑백서, 한국기원, 2009
호모스마트쿠스로 진화하라, 김지현, 해냄, 2012

○ 논문

디지털 시대 청소년 문화의 이해와 그 현실에 대한 조명, 최경숙, 광주가톨릭대학교 신학연구소 제
    12회 학술발표회, 2007
문화경영분석 방법에 입각한 한국 바둑문화산업 발전전략에 관한 연구, 김미라, 박사학위논문, 인하
    대학교 대학원, 2012
미디어 교육에 대한 초등학교 교사들의 인식에 관한 연구, 김혜연, 석사학위논문, 창원대학교 교육
    대학원, 2009
미디어 패러다임 변화에 의한 정보디자인의 확장 연구, 김효일, 박사학위논문, 단국대학교 대학원,
    2009
미디어에 의한 권력과 감시에 대한 연구, 정도윤, 석사학위논문, 동의대학교 대학원, 2009
미디어의 발달에 따른 N세대 이해와 N세대 설교 전달 방법론, 김재희, 석사학위논문, 감리교신학대
    학교 대학원, 2007
미디어의 발전이 한국대중음악에 미친 영향에 관한 연구, 김현정, 석사학위논문, 단국대학교 대중문
    화예술대학원, 2007
미디어이벤트와 바둑: 혼인보(本因坊) 은퇴 기념국을 중심으로, 남치형, 바둑학연구 제9권, 2012
바둑 용어의 은유, 채완, 한국어 의미학, 제20권, 2006
바둑문화콘텐츠 개발방향 연구, 김미라·응웬뚜언아잉, 바둑학연구 통권 15호, 한국바둑학회, 2011
소셜미디어(Social media)에서 기업의 관계형성에 대한 연구, 김상백, 석사학위논문, 단국대학교 정
    보미디어대학원, 2010
신문 관전기의 역할과 변천사, 이홍렬, 바둑과 문화:한국바둑문화 연구회 논문집 제1집, 2000
인터넷 바둑 현황, 김종열, 2009 대한민국 바둑백서, 한국기원, 2009
한국 바둑설화의 문화콘텐츠 활용 방안 연구, 강나연, 박사학위논문, 명지대학교, 2012
현대바둑소설의 특징 및 주제에 관한 연구, 강나연, 석사학위논문, 명지대학교, 2007

○ 인터넷 자료

11년 기다린 승격.. 정식종목 채택 꿈 영근다, 박영철, 한국일보, 2014. 04. 04일 자
2014 KB 국민은행 바둑리그 홈페이지 (http://www.kbleague.com/baduk)
국립국어원 홈페이지 (http://www.korean.go.kr)
국민일보 홈페이지 (www.kmib.co.kr)
내 인생은 오직 진리와 바둑뿐이었다, 강나연, 사이버오로, 2007
네이버 홈페이지 (http://www.naver.com)
다음 한국어사전 홈페이지 (http://dic.daum.net)
바둑TV 홈페이지 (http://baduk.netmarble.net)
바둑토피아 홈페이지 (http://www.baduktopia.com)
베트남에 한국바둑 씨앗 뿌렸다…바둑리그 아시안투어, 엄민용, 스포츠칸, 2008. 01. 16일 자
사이버오로 홈페이지 (http://www.cyberoro.com)
스포츠조선 홈페이지 (http://sports.chosun.com)
연합뉴스 홈페이지 (http://www.yonhapnews.co.kr)
위키백과 홈페이지 (http://ko.wikipedia.org)
이데일리 홈페이지 (http://www.edaily.co.kr)
킹스바둑수련원 홈페이지 (http://www.kingsbadukcenter.com)

타이젬 홈페이지 (http://www.tygem.com)
하나은행 2014 내셔널바둑리그 홈페이지 (http://hanabank.cyberoro.com)
한경닷컴 게임톡 홈페이지 (http://gametoc.hankyung.com)
한국바둑방송 홈페이지 (http://www.k-baduk.com)
MBC 홈페이지 (http://www.imbc.com)
SBS연예스포츠 홈페이지 (http://sbsfune.sbs.co.kr)

○ 사진자료

구글 홈페이지 (https://www.google.co.kr)
네이버 블로그 (http://blog.naver.com/gunissong), 현대인의 미디어 생활패턴
네이버 홈페이지 (http://www.naver.com)
다음 블로그 (http://m.blog.daum.net/ijinsun/8018229), N.J. 컴퓨터와 바둑의 만남
다음 홈페이지 (http://www.daum.net)
바둑TV 홈페이지 (http://baduk.netmarble.net)
바둑토피아 홈페이지 (http://www.baduktopia.com)
사이버오로 홈페이지 (http://www.cyberoro.com)
쇼박스 미디어플렉스 홈페이지 (http://www.showbox.co.kr)
연합뉴스 홈페이지 (http://www.yonhapnews.co.kr)
월간바둑, 2008년 12월호 제42권 제12호(통권 제497호), 한국기원, 2008
월간바둑, 2009년 3월호 제43권 제3호(통권 제500호), 한국기원, 2009
조선일보 홈페이지 (http://senior.chosun.com)
조이스쿨 홈페이지 (www.joyschooledu.com)
중앙일보 홈페이지 (http://article.joins.com)
컴퓨터 바둑 사람 이길 수 있나, 박치문, 중앙일보, 2006. 06. 09일 자
키즈바둑 홈페이지 (http://www.kidsbaduk.com)
한국기원 홈페이지 (http://www.baduk.or.kr)
한국바둑방송 홈페이지 (http://www.k-baduk.com)
현현각양지 홈페이지 (www.yangjibook.com)
2009 대한민국 바둑백서, 한국기원, 2009
57줄 바둑판, 9개 바둑판이 1판! 구경이나 해볼까?, 오로IN, 사이버오로, 2013. 07. 25일 자
American Go Association (http://www.usgo.org)
Deutscher Go Bund (http://www.dgob.de)
EBS바둑교실 25년 만에 돌 던진다, 박영철, 한국일보, 2014. 02. 14일 자
EuroGoTV (http://www.eurogotv.com)
European Go Federation (http://www.eurogofed.org)
Lithuanian Summer Camp (http://gogiukas.lt/camp)
WBaduk 홈페이지 (http://www.wbaduk.com)
美 유력신문 줄줄이 매각… 종이매체 승부수는 결국 콘텐츠, 서울신문, 2013. 08. 07일 자

정수현

- 한양대학교 영문학과 졸업
- 고려대학교 대학원 상담심리전공 석사
- 고려대학교 대학원 교육학전공 박사
- 현)명지대학교 바둑학과 교수
- 현)한국기원 프로기사
- 집필단원: 연구·집필 책임자

김미라

- 명지대학교 바둑학과 졸업
- 명지대학교 대학원 바둑학전공 석사
- 인하대학교 대학원 문화경영학전공 박사
- 현)명지대학교 바둑학과 강사
- 집필단원: Ⅱ. 바둑 미디어
            Ⅲ. 바둑 이벤트

강나연

- 명지대학교 바둑학과 졸업
- 명지대학교 대학원 바둑학전공 석사
- 명지대학교 대학원 문예창작학전공 박사
- 현)명지대학교 바둑학과 강사
- 집필단원: Ⅰ. 바둑 문화콘텐츠

다니엘라 트링스

- University Lueneburg 환경과학과 졸업
- 명지대학교 대학원 바둑학전공 석사
- 명지대학교 대학원 바둑학전공 박사
- 현)명지대학교 바둑학과 강사
- 집필단원: Ⅲ. 바둑 이벤트

바둑
콘텐츠

초판인쇄 2015년 3월 1일
초판발행 2015년 3월 1일

지은이 정수현, 김미라, 강나연, 다니엘라 트링스
펴낸이 채종준
펴낸곳 한국학술정보㈜
주소 경기도 파주시 회동길 230(문발동)
전화 031) 908-3181(대표)
팩스 031) 908-3189
홈페이지 http://ebook.kstudy.com
전자우편 출판사업부 publish@kstudy.com
등록 제일산-115호(2000. 6. 19)

ISBN 978-89-268-6849-2 93370